I am here. アイ・アム・ヒア

「今」を意識に刻むメンタル術

宮里藍

角川SSC新書

構成◎川野美佳

はじめに

どうせやるなら目標は大きい方がいい。そう考えて「トップ合格」をめざし挑んだのが、2005年の秋に行われた米女子ツアーのクオリファイングスクール最終予選、通称Qスクールでした。アメリカツアーに参戦するために受けるテストのような試合です。

私にとって、アメリカツアー挑戦は小さいころからの夢でした。その夢を、ただ憧れるだけでなく、実際に追いかけていきたい。その思いはプロになる前からありました。幸いにも日本ツアーで実績を積むことができ、メジャーの日本女子オープンにも勝てたことで、プロになって2年でアメリカに挑戦する決意を固めることができました。

そして、フロリダで行われたQスクールでトップ合格を果たした私は、アメリカツアーの一員となって、今、トーナメントを戦っています。

アメリカツアーに本格的に参戦するとき、尊敬するアニカ・ソレンスタムに「1年目で勝つのは難しい」と言われました。アニカに言われたとおり、優勝はまだできていません。

皆さんからは、本当にたくさんの応援をいただいているのに、勝利から遠ざかっています。これまでずっと、「期待に応えたい」「優勝したい」と思ってやってきました。でも、いろいろな要素が重なり、07年8月に放ったティショットの1打を境にして、私は自分のゴルフを見失い、大きなスランプに陥ってしまいました。

自分でも何が起きたのかわからず、泥沼にはまったように苦しみました。もうゴルフをやめないといけないのではないか、と考えたこともあります。

日本の皆さんからは、「何かあったの?」「いったいどうしたの?」と、心配もしていただきました。本当にありがたかったです。

今はスランプの間に自分を見つめなおした経験が、今後の人生でプラスになると信じられるようになっています。いろいろな人たちの力も借りて、私なりに整理がついています。あのとき、私の身に何が起きたのかも、説明できるくらい冷静になりました。

私の失敗は、ひょっとしたらアマチュアゴルファーの方々の教訓になるものかもしれません。また、立ち直るために行ってきたトレーニングは皆さんの参考になるかもしれませんん。そうした思いを本にまとめることにしたものです。

私は、今いる場所、今という時間、今打つ1打を大切にすることにしました。私の現在地をこの本で皆さんにご報告します。過去と未来の話も少しだけ添えて。

最後に、私の周りにはアメリカツアーの仲間たち、日本の仲間たち、サポートしてくれるスタッフやファンの皆さん、そして両親と2人の兄たちがいて、いつも助けられていることを本に著してみて改めて感じました。また、今回この本を著すにあたり、私の言葉を文章にまとめてくれた川野美佳さんほか、多くの方々にお世話になってもいます。この場を借りて心から感謝申し上げます。ありがとうございます。

宮里藍

目次

はじめに　3

第1章　人生初のスランプ　11

ティグラウンドに立つのが恐い！／体の異変。痛みに堪えて全米女子オープン／ドローからフェードへ。スウィング改造の落とし穴／マッチプレーでの準優勝が自分を追い詰めた／見逃してしまった大切なサイン／折れてしまった心

第2章　立ち直りの兆し　39
技術じゃない、フィーリングを大切にしたい／ミズノ・クラシックで感じたファンのありがたさ／ピアとリンの教え／既成概念を打ち破ってくれた「54ビジョン」／頭ではなく体で感じるゴルフへ／ようやく自覚できた自分の性格／心配性の自分を笑い飛ばした瞬間／私はここにいるんだよ！

第3章　アメリカで経験したこと　75
日本にいたらここまでゴルフを考えていなかった／居場所を作る／キャディとのチーム／オチョアが世界ナンバー1であるわけ／憧れから目標へ。アニカの存在／ウェブ先生から学んだこと／涙

を乾かしてくれた選手たちの心遣い／韓国勢はいいお手本／自分の気持ちを英語で伝える／和食が好きになりました

第4章　今振り返る日本での騒動　119

アマチュアで優勝。実はゴルフの調子は最悪だった／俯瞰で見ていたあの騒動／開幕戦での優勝がゴルフ人生の流れを決めた／喧噪からの逃げ場がゴルフだった／マスコミとの軋轢／誰にも話さなかった日本女子オープンでの救急車／日本で勝てていた理由とは？

第5章　夢の原点。そして未来　147
夢の原点は中1のとき出場した世界ジュニア／なぜアメリカだったのか／女性として、ゴルファーとして、10年後が勝負／コーチである父への思い／優勝するために必要なこと

巻末付録　宮里藍 プロ成績　169
海外・全試合成績&スタッツ／国内・成績&スタッツ

第1章　人生初のスランプ

ティグラウンドに立つのが恐い！

2007年8月24日。あの日、オレゴン州ポートランドのコロンビア・エッジウォーターCC上空には、朝から気持ちのいい青空が広がっていました。

セーフウェイ・クラシックは初日を迎え、前週のCNカナディアン女子オープンで予選落ちした私は、そのマイナスを取り戻そうと、張り切ってティグラウンドに立っていました。

練習場では少し球が曲がっていましたが、気にとめるほどではありません。実はこのあと、私のゴルフを変えてしまうような1球を打つことになるのですが、この時点でそんなことは思ってもいませんでした。

ラウンドも中盤に差し掛かった9番ホールでのこと。ドライバーを手にしてアドレスに入り、目標に視線を投げ、いつものようにショットを放つ。それは4歳でゴルフを始めたときから繰り返されてきた一連の動作です。

ところが突然、とんでもない球が出たのです。

「あっ！」と思った瞬間、クラブフェースを離れた打球はいきなり右に飛び出すと、意地の悪い意志を持ったようにラフを越えて隣の10番ホールに飛び込み、視界から消えました。

「えっ？」

一瞬、息をのみました。

「なんであんな球が出たんだろう？」

「いったい何が起こったんだろう？」

頭の中が真っ白になったあと、湧き上がるのは疑問符ばかり。

今まで打ったことのないような打球の残像がいつまでも消えず、手にはインパクトの瞬間のイヤな感触が残りました。まるでドライバーでシャンクを打ったような感覚……。

ショックでした。

なぜ？　どうして？　と思えば思うほど頭の中が混乱し、急にドライバーを握ることさえ恐ろしくなってしまったのです。

その日は何とか騙し騙しラウンドを終えたのですが、13番から3連続ボギーを打って2オーバー74。漠然とした不安が胸に広がりました。

今思うと、翌日、よくドライバーを持てたものだと思います。自分がいったいこれまでどんなスウィングをしていたのか？　どうクラブを振っていたのかさえわからず、球の行方は球にしかわからない、そんな状態に陥ってしまったのですから。

ゴルフをされる方なら「そんなのよくあること」と思われるかもしれません。私だって左に引っ掛けてとんでもないミスをすることはあります。もともとドローヒッターなので、左に曲げることに関してはある程度慣れがあるのです。でもあれだけ右に曲げるというのは、私の頭の中ではありえなくて。

それまで左への引っ掛けのミスにさえ注意していればよかったのが、右にも曲げてはいけないと思うことで、体と頭が混乱してしまいました。「単なるミス」と割り切れないほどの違和感に、私は圧倒されてしまったのです。

2日目の結果は2バーディ、7ボギー、1ダブルボギーの7オーバー79。通算9オーバーは予選通過ラインに5ストロークも足りず117位タイという惨憺たるもの。2週連続予選落ちはプロになって初めての経験でした。

伏線はありました。今だから言えることですが、ふたつほど原因は見えています。

ひとつは、左ひざを痛めていたこと。

もうひとつは、スウィング改造に取り組んでいたこと。

どちらも2カ月ほど前から抱えていた課題で、時間の経過とともに知らず知らずのうち、本来のスウィングやリズムを見失い始めていたのだと思います。ただ、そのときはとんでもないミスショットの原因を分析するほど冷静にはなれず、どうしていいかまったくわからなくなっていました。そして泥沼にはまっていったのです。

翌週のステート・ファーム・クラシックでは初日に、6試合ぶりの60台（68）が出て、ホッとひと息ついたのですが、最終日は出だしからティショットを大きく右に曲げて、いきなりのOB。4番ボギー、5番ボギー。6番はティショットにドライバーを使わず3番ウッドを持ったにもかかわらず左に引っ掛けて池につかまり、7番でトリプルボギーを叩いたところで、頭の中がパニックになり、どうしていいかわからず……棄権。人生で初めて、試合の途中でコースに背を向け、涙を流しながらカートでクラブハウスに運ばれなければならなかったのです。

ティグラウンドに立つのが恐い！

ゴルフが好きで好きでたまらなくて、小さいころから憧れていたプロゴルファーになり、夢を叶えてアメリカという最高の舞台を与えてもらったのに、たった1球でこれまで積み上げてきた自信がガラガラと音を立てて崩れていく。

練習場でも全然気持ちよく振れないし、打てば曲がるから練習もしたくない。

やがてドライバーだけでなくフェアウェイウッドもアイアンも、そしてウェッジまでが右に曲がるようになりました。

アマチュアでプロの試合に優勝したときから、自分が期待した以上の結果が常に手に入り、あまりにも順調過ぎて、「いつか落とし穴があるのでは?」と思ったことはありますが、いざそういう状況に追い込まれたとき、残念ながら私は立ち直る術を持っていませんでした。

生まれて初めて味わう「試練」。この言葉の響きがこれほどぴったりとハマるとは……。寝ても覚めても1日24時間、「なぜ?」「どうして?」の繰り返し。心身ともに疲れ果てました。

ゴルフ人生初のスランプはこうして現実のものとなったのです。

体の異変。痛みに堪えて全米女子オープン

スランプの原因のひとつとなった左ひざの裏に激痛を感じたのは、6月のこと。誕生日の週に行われたウェグマンズの最終日でした。あの1打を放つ2カ月前のことです。翌日からは私が子供のころから憧れ、「いつか優勝争いをしたい」と思っていたメジャー、全米女子オープンの開催週が控えていました。

「何だろう、これは？」と思いながら、治療を受ける暇もなく全米女子オープンの会場に入ったものの、月曜日は痛みが酷くて歩けず、ラウンドは避けてアイシングで患部を冷やし湿布を張って応急処置を施しました。

メジャーですからコースはタフです。通常のトーナメントにも増して距離は長く、しかもアップダウンがきつく、ほとんどのグリーンが王冠状の砲台になって周囲がツルツルに刈り込んであるため、ボールの落としどころが限られる本当に難しいコースでした。

そんな中で、湿布とアイシングをしないと痛くて歩けない状況は厳しかった。現地に来てくれていた両親やマネージャー以外、その事実は一切伏せ、痛みを隠してのラウンドが始まりました。

でも日本にいたころから、なぜか体調が悪いときの方が結果はよかったので、それほど悲観してはいませんでした。

ＬＰＧＡの正式メンバーになったあと最初に出場したアメリカの試合（06年開幕戦ＳＢＳオープン）でも、開幕前日、朝のランニング中に転んでスウィング中踏ん張れないほど足を痛めていました。

メジャーのクラフト・ナビスコ選手権（05年）に初出場したときは、移動中に首を寝違えてテーピングをしながらの挑戦でした。マクドナルドＬＰＧＡ選手権（全米女子プロ）でメジャーベストの3位タイに入ったとき（06年）も、初日は体調不良でボーッとしながら18ホールを回ったのを覚えています。

自分にとって不利な状況で悪い成績を残したことがないという変な自信。

いつの間にか、万全の状態よりも少しくらいマイナス部分があった方が結果がいい、そう思い込んでいたこともあり、全米女子オープンのときも、痛みより集中力の方が勝っていました。

根拠は何もないのに、苦しいからこそただただ頑張れる、みたいな。まるでスポ根の世界ですね。そして我慢を重ねた結果、最終日に「69」の最高のゴルフができて、10位タイに食い込むことができました。

そのあと、日本に一時帰国したときに精密検査を受け、ひざの前側の筋肉と後ろ側の筋肉のバランスが悪いため、その歪みが痛みにつながっていたことがわかりました。

検査してくれた方に聞いた話では、通常アスリートは自分の体重の3倍、つまり体重が50キロの人なら150キロ、足で蹴る力があるものだそうですが、私の蹴る力は2・3倍。以前も体力測定でひざが弱いと指摘されていたので、検査結果にも「そうなんだ」と納得しました。痛みをとるにはひざの筋肉をバランスよく鍛えて、脚力をつければ問題はないだろう、と気分はラクになりました。

幸い全米女子オープンのあとは3週間試合に出ないスケジュールだったので、そのくらい休めば何とかなる、と安易に考えていたのです。でも結果的に、その痛みを3～4カ月引きずることになるわけですから、あのときもう少し勇気を持って、きちんと試合を休んで治療に専念してもよかったのかもしれません。

ひざを痛めたことで、いくつかの変化が表れます。

まず渡米してから1年半、欠かさず行っていた朝のランニングができなくなったこと。下半身の力が上半身に伝わりにくくなり、いわゆる手打ちになってしまったことが、スウィングを崩す原因のひとつにもなっています。

体が小さい私にとって心技体の「体」の部分を充実させることは、特にアメリカでは大きな課題です。単純に体力、筋力、瞬発力をつけるという意味以上に、4日間72ホールを戦い抜く「精神力」はフィジカルの充実なくして維持することはできません。

兄の優作はよく「72ホールの最後の3ホールで精神力を切らさないためにトレーニングをする」と言いますが、土壇場での集中力は体力がないと発揮できないのです。

スポーツ選手は体が資本。本当にそのとおりです。

ドローからフェードへ。スウィング改造の落とし穴

左ひざの痛みを抱えながら戦ったその年（07年）の全米女子オープンで、私はベスト10に入ることができました。やはりマイナス要素がある方がいいのかな、と思いながら、難しいコースを相手に頑張ったという達成感がありました。

「でもこれで満足はしていられない。もっとレベルを上げたい」と思った私は、そのあとポッカリと空いた3週間のスケジュールの有効な使い方を考えたのです。

初めは静養と調整に当てるつもりでした。でも、自宅を構えているロサンゼルスでひとり練習しているうちに、どうしてもコーチである父に直接スウィングチェックをしてもらいたくなり、いてもたってもいられず飛行機に飛び乗り、ほんの数日でしたが、沖縄に帰りました。

ちょうど台風4号が沖縄を直撃したときのこと。沖縄生まれで台風に慣れているはずの私が初めて体験するほど強烈な暴風雨が島を襲い「藍がすごいのを連れてきた」と冷やかされたものです。

台風で家に閉じ込められ、夜は停電。でも久しぶりに父と母と水いらずで過ごすひとときは穏やかで、いつか年を取ったら、絶対にここに帰って来たい、と改めて思わせてくれました。

天候のせいであいにくスウィングチェックははかどりませんでしたが、父と話し合った結果、「スウィングの精度を上げるため」の改造に取り組むことに決めました。

ゴルフを始めたころから、私のスウィングの特徴はクラブフェースをシャット、つまり閉じて使ってドローを打つというもの。これは小さいときオーバースウィングを嫌った父が、私たち兄妹にコック（手首）を使わずに打たせていた名残でもあります。

シャットフェースはタイミングが合えば球がつかまりやすく、弾道は右から左へゆるやかにカーブするドロー軌道を描きます。球が強く、ランも稼げるので飛距離も出ます。シャットだからといって一概に悪いわけではありません。

逆にフェードはフェースが開く分、カット打ちのようになり、ボールは落下してからあまり転がってくれません。飛距離は出にくいのですが、その分グリーンを狙うときは止めやすい球筋になります。

フェードを打つのが得意でない私は、アメリカに渡り、毎週シビアなセッティングのコースでプレーをするうち、「ここでフェードが打てたら」という場面に何度も遭遇してきました。

米ツアーでは試合が最終日に近づくほどピンポジションが厳しくなります。グリーンエッジから3～4ヤードのところに平気でカップが切られるし、そのすぐ脇にはバンカーや池が待ち受けるといった状況は当たり前です。

たとえばグリーン左にバンカーが口を開けているパー3で、ピンが2段グリーンの上の段の左端に切られていて、風が右から吹いているとします。

そんなときドローヒッターは2段グリーンの傾斜を計算しつつ、左のハザードを避け、さらに風に流されて左に行きすぎないような球を打たなければなりません。これはかなり高度なテクニックが必要です。

でもフェードが打てれば、バンカーの上からボールを回し、ピンの根元にボールを落とすことができる。これならバーディのチャンスも作れます。

「フェードが打てればなぁ」

そういう状況がそれこそ数え切れないほどありました。

1年目にフェードの必要性を感じて、2年目同じコースに立って一層その思いを強くする。フェードを打つためには、長年の癖であるシャットフェースを直すしかない、そう私は思うようになったのです。

もしかしたら無意識のうちに、シャットフェースに対するコンプレックスのようなものがあったのかもしれません。それにそのころ、球の曲がり幅が小さくなり、ストレートボールが打てるようになってきたことも「これならフェードにスウィング改造しても大丈夫」という思いを強くさせたのだと思います。

父と私は「ドローからフェードにスウィングを改造しよう」という具体的な会話は交わしていません。あくまでもショットの精度を上げることが目的でした。ただショットの精度を上げる中で、フェードが打てるようになればいいな、という期待が私の中にあったのは確かです。

具体的に変えたのはバックスウィングでのクラブの上げ方。それまでテークバックの途中で、クラブがインサイド（内側）に入っていたのを、手首を使うコックのタイミングを少し早め、軌道を丸くスムーズに上げることで、フェース面をスクエアな状態に保とうとしたのです。スクエアというのはボールとターゲットを結んだ飛球線に対して、フェースの面を直角に使うという意味です。

取り組み始めたとき違和感はありませんでした。小さいころから父に言われたとおりのことをやっていれば、絶対に間違いはないと思っていましたし、「今スウィング改造に取り組むことが、将来必ず役に立つ」と信じていましたから。

私は意外と器用な方で、一度に何カ所かスウィングを直されても、1日、2日ですぐにそれが身に付くタイプだったのも、修正に躊躇しなかった理由のひとつです。

ところが思ってもいなかった現象が起きました。

それはスウィング改造によって、ゴルフを体ではなく頭で考えるようになってしまったこと。頭で考えながら、形をなぞる。もちろん意識をしていたわけではありませんが、形だけ整えているうちに、力の入れどころ、抜きどころの微妙なニュアンスがつかめなくなり、今ひとつフィーリングがしっくりこない状態になってしまったのです。

マッチプレーでの準優勝が自分を追い詰めた

そんな状態で沖縄からアメリカに戻ったのですが、思えばその直後にHSBC女子世界マッチプレー選手権（07年7月）で準優勝したことが、勘違いの始まりだったのかもしれません。

優勝目前まで行くことができたので、自分が間違っているはずはない、という気持ちが生まれたのです。

通常のストロークプレーとは違い、ツアーで唯一、マッチプレー形式で競われるその大会で決勝戦まで勝ち上がったとき、私は夢にまで見た優勝カップに指先が触れたような気がしました。

勝ちたい、どうしても勝ちたい。その思いで胸ははち切れんばかり。

米ツアーに挑戦して2年目でようやく巡ってきた大きなチャンス。それまで幾度もいいところまで行きながら、最後の最後で優勝を逃し悔しい思いをしてきた分、「今度こそ」という気持ちが強かったのです。

当時の私は「普通にやればベスト10に入れる」と思っていました。

「いつ勝ってもおかしくない」

「風の中のコントロールショットなら、自分がツアーの中で一番上手い」

それほど自信がありました。

アメリカ1年目には一発で出せなかったバンカーから、2年目は出すだけでなくピンに絡めることができるようになっていました。前の年には慣れない芝や深いラフに負けて打てなかったアプローチも打てるようになった。難しいコースに対応する技術が確実に身に付いてきた、と成長を実感していたのです。

だからマッチプレーではどうしても勝ちたかった。

でも決勝戦の結果は惨敗でした。

トロフィーを抱いたのは私ではなく、表情ひとつ変えずマイペースを貫いた同期のイ・ソンファ（李宣和）でした。

人前で久しぶりに涙を流しました。悔しさと達成感がないまぜになり、インタビューでは「初優勝まであと少し待ってくれますか？　今の私には2位で十分です」と絞り出すように言うのが精一杯だったのです。

そこで一旦、気持ちをフラットな状態に戻すべきだったのでしょう。でも勝てなかったことで、私はさらに勝つことに固執するようになりました。それだけ自分への期待が大きかったのと同時に、周囲の期待もひしひしと感じて、「期待に応えたい」という使命感が、「勝たなければ」と焦る気持ちに拍車をかけたような気がします。

日本でプレーをしていたころの私は、いつも「行ったら勝った」というパターンが多かった。それほど周囲に期待されているわけでもなく、自分でも勝てると思っていないのに、沖縄から全国へ、全国からアジアへ、アマチュアからプロへと気がつくといつの間にか階段を上っていきました。

でもアメリカでは初めて「行ったら勝った」というパターンが通用しませんでした。そのことも私を必死にさせました。

ことゴルフに関しては切り替えが早い方で、A型気質の兄たちとは違い「私はB型だから、いつまでもくよくよしない」と笑い飛ばしてきたし、沖縄特有のなんくるないさ(=なんとかなるさ)の気質が備わった、親からもらったこの性格に感謝もしていました。でもスランプに陥ったとき、「B型」や「なんくるないさ気質」など役に立たないほど、もう完全に切り替えが効かなくなっていたのです。

天狗になったわけではありません。ただ自分で自分にプレッシャーをかけ過ぎて、気持ちが先走り、結果ばかりを求めて地に足が着いていない状態だったのだと思います。

いつ勝ってもおかしくない、と思えば思うほど結果が遠ざかる現実。一層イライラを募らせ、歯車はさらに狂っていきました。

勝ちを意識する余り、「心」の部分を追い込み、スウィング改造で頭でっかちになったことで「技」が乱れ、ひざの故障をなおざりにしたことで「体」が崩れる。

日本の方々は「何で急にそんな風になってしまったの？」と疑問に思われたかもしれませんが、でもそれら目に見えない要素が重なり合って、私は負のスパイラルへと巻き込まれていったのです。

見逃してしまった大切なサイン

あのとき、スウィング改造が正しい方向に進んでいないことに気付くべきだった、と思う出来事があります。

それは07年の8月上旬に行われた全英女子オープンの最終日でのこと。

マッチプレーで2位になってすぐにヨーロッパに渡り、エビアン・マスターズを戦って22位になり、その翌週が全英女子オープンでした。

その最終日。歴史と伝統に彩られたセントアンドリュース・オールドコースのあの有名なホテル越えの17番ホール（通称ロード）で、私はティショットを2発続けて右に曲げO

Bにしています。

思い切って振ったドライバーがホテルの屋根に当たったときのあの音は、今思えば何かの合図だったのです。

「あなたのドライバー、おかしいんじゃないの?」と、ゴルフの神様が警鐘を鳴らしてくれていたのに、私はそれに気付かず、「当たりは悪くない」「ミスは気にしちゃいけない」「次に気持ちを切り替えなければ」と納得した気になっていたことで、大事なサインを見逃してしまいました。

その試合のすぐあとです。あの1打を打った試合を含め、4試合連続予選落ちと1回の棄権という泥沼にはまるのは……。

スウィングがおかしいとは思っていませんでしたが、のちにメンタルコーチをお願いしたピア・ニールソンとリン・マリオットの2人に、「リズムが早くなっている」という指摘をこの全英女子オープンの会場で受けていました。

ピアはスウェーデンのナショナルチームのコーチとして、アマチュア時代からアニカ・ソレンスタムを指導し、彼女を世界ナンバー1に育て上げてきた人。ゴルフ後進国だったスウェーデンを世界でも有数のゴルフ大国に押し上げた立役者です。

リンの方は全米トップ50コーチの常連で、これまでグレース朴《パク》らのコーチングを手がけたインストラクター界の第一人者です。2人は今、アリゾナを拠点に、プロゴルファーを教えるだけでなく、指導者の育成やアマチュアにもレッスンを行っていて、彼女たちとは日本にいるときから面識がありました。

メールではときどき相談にのってもらっていたのですが、全英女子オープンで現地に来ている2人に会い、どうしても直接指導してもらいたくて、試合後に正式にメンタルコーチをお願いした、という経緯があります。

2人のことはあとで詳しくお話しするとして、私にとって全英女子オープンは思い入れの強い大会です。04年に初めてメジャーというものに挑戦したのが全英でした。晴れの舞台で結果を出したい、と意気込んで出場したその試合で予選落ちを喫したことが、のちのゴルフ人生に大きな意義をもたらしてくれました。

あのとき悔しい思いをしたからこそ、もっと、もっと、と上を向いて頑張ってくることができたのです。

ましてO7年は舞台がゴルフ発祥の地セントアンドリュース。女子のメジャーがゴルフの聖地で行われるのは初めてのこと。両親と一緒に、その場に立てているだけで歴史の息吹を感じて幸せな気持ちになりました。

それなのに最終日の17番の大事なサインを見逃してしまった。いつかあそこで私はあのときのマイナスを取り返さなければなりません。

折れてしまった心

スランプに陥ってみて、私は生まれて初めて練習場に行きたくないと思いました。

これまで、怪我をして練習できずに苦しくて「私からゴルフを取ったら何が残るのだろう？」と辛い思いをしたことはあっても、練習場に行きたくない、と思ったことはありません。

でもセーフウェイ・クラシックの9番ホールで、すべての自信を覆すほどのとんでもない球が出てからは、いくら練習しても曲がるので、練習場自体に行きたくない、と思うようになりました。

それでも練習しないことには復調のきっかけさえつかめない、と重い体を引きずって球を打ちに行くのですが、何をどう頑張っても悪い感触しかありません。解決の糸口が見つからず、途方に暮れ、

「どうしてこうなってしまったんだろう？」

「このまま、打てなくなってしまうんだろうか？」

自問自答は続きます。

すると最悪のシチュエーションしか頭に浮かばず、知らないうちに涙が溢れて止まらなくなりました。

勝ち気なせいか、涙もろい方ではあるのですが、あんなに泣いたのは生まれて初めてです。泣きながら目を覚まし、音楽を聞いても涙が止まらず、ぬぐっても、ぬぐっても、涙が頬を伝い、未来を悲観してはまた涙を流す。

極め付きがステート・ファーム・クラシックで棄権したときのことです。

初日に久々の60台が出て、2日目70、3日目73で回り17位タイで最終日を迎えたのですが、最終日のスタートホールでいきなりOB。すると右に曲がるミスショットがどうにも

止まらず、4番から3連続ボギーを叩いたあと、7番をトリプルボギーとしたところで心が悲鳴を上げました。

どうしていいのかわからない。まるで迷子の赤ん坊のように頭の中は真っ白。

キャディのミックは試練を乗り越えて欲しい、と願っていたのだと思います。「何があっても続けてくれ。Keep going!」と言って背中を押してくれました。でも彼が発する言葉の意味はわかっても、とにかく辛くて、その場から消えてなくなりたかった。

そんなこと気にするべきではなかったのかもしれませんが、同伴プレーヤーに迷惑をかけていることがすごく気になって、「これ以上、もう続けられない」と、自ら棄権を申し出たのです。

ギブアップ。

心が千切れそうでした。

「なんでこんなことになってしまったんだろう？」

いくら考えても答えは出ません。ゴルフの奥深さ、難しさを改めて痛感する思いでした。

ゴルフでは、たとえスウィングの形が整っていても、いいショットを打てるわけではありません。いいショットを打っても、それがスコアに直結するわけでもありません。ちょっとしたリズムの違い、タイミングのズレ、精神的な要素が、大きなミスにつながります。少し冷静に考えれば、足の故障や気持ちの問題など、いくらでも理由は見つかったはずです。でもあのころは頭の中が完全にパニックになっていました。

自問自答は永遠に続きました。あれほど自分と向き合ったことはありません。

父も私がどれだけショックを受けているかわかっていたので、スウィングに関してどうしろ、こうしろ、ということはまったく口にしませんでした。

ただ「お前、今、ここでやめちゃいけないよ！」と言い続けてくれました。

でも誰に励まされても、頑張れと言われても、ツアーで戦える状態ではない、ということは自分が一番よくわかっています。つい数カ月前は「いつ勝ってもおかしくない」と自信を持っていたのに、予選を通れる気持ちにさえなれない。

最初はドライバーだけだったのに、バッグの中のパターを除いたすべてのクラブが右に曲がるのではスコアを作るのは無理です。

もちろんゴルフは好きだし、夢を追いかけてアメリカまで来た以上、このまま終わりたくない気持ちは山々。でもこれだけショットが曲がっては戦えない、と弱気の虫が顔を出します。

「やめたい」というより、

「もうゴルフはやめなきゃいけないんじゃないか?」

そこまで思い詰めていました。

とにかく成績は悪くなる一方なのです。ステート・ファームで棄権してから3週間お休みして出場したナビスターLPGAクラシックでは通算14オーバーで予選落ち。下から数えて7番目の成績です。続くロングズ・ドラッグス・チャレンジは通算10オーバーで予選落ち……。

正直、やめたかった。でもやめていったい何が解決するのだろう? いくらパニックになっていても、ここを乗り越えて続けたら、その先に何かがある、ということはわかっていました。とにかく続けること。それが次につながるのだと。

心のどこかに「逃げたら負けだ」という気持ちは常にありました。

スランプはゴルファーなら誰もが経験することです。程度の差こそあれ、それを乗り越えて、皆戦っているんです。

「自分だけが辛いんじゃない。皆にできるなら、自分もできるはず」

そう思えるようになったのはスランプに陥ってからたっぷり2カ月たってからでした。

2カ月悩んでようやくメカニック（体の使い方）を優先すべきか、フィーリングを優先すべきか——私は自分のスウィングについて真剣に考えるようになりました。

そのときになってやっと開き直れたというのでしょうか。

「何かを捨ててシンプルにならないといけない」と気付いたのです。

第２章　立ち直りの兆し

技術じゃない、フィーリングを大切にしたい

スランプになって考えたのが、果たしてメカニック重視で立て直しを図るべきか？　自分のフィーリングを優先した方がいいのか？　ということでした。

さんざん迷った結果、導き出した結論は「どんなにフィーリングがよくても、メカニックが悪ければ球は曲がるのではないか」ということです。

結果的には1カ月後に方向転換をするのですが「まずはメカニックを優先しよう！」というのが、その時点で私が出した答えでした。

そこで07年10月にテレビマッチに出場するため帰国したとき、父に一からスウィングチェックをしてもらうことになりました。ＬＰＧＡツアーは毎年シーズンの終盤にアジアでの試合が組まれているため、帰国するにはちょうどいいときでもあったのです。

テレビマッチにはアニカ・ソレンスタム、ポーラ・クリーマー、モーガン・プレッセルという米ツアーを代表するメンバーに私を加えた４人が出場し、ホールごとに賭けられた賞金を奪い合うスキンズ形式で行われました。

エキジビションとはいえ真剣勝負なのですが、やはり試合のときとは違う穏やかなムー

ドでラウンドは進みます。ところが試合ではないとわかっていても、コースに出ると体が強ばり練習場でやったことがまったくできません。

父にスウィングチェックしてもらい、ある程度メカニックは整えているのに、コースではどうにも力が抜けず、まったく違うスウィングになってしまうのです。テレビでご覧になった方もいらっしゃると思いますが、結果は……最悪でした。

球は曲がり、飛距離も皆に置いて行かれ、私が勝ったホールは18ホール中1ホールだけ。それでもメカニックの重要性にこだわっていた部分が自分の中にあって、これを続けていれば何とかなる、と思っていたのです。

翌週、タイで行われたホンダLPGAタイランドに出場するため日本を離れましたが、結局、上手くいきませんでした。

この大会は予選落ちがなかったからよかったようなものの、初日79、2日目は80の大叩き。3日目、最終日は73、72と持ち直しましたが、57位タイで4日間を終えました。ドライバーに自信が持てず、ティショットのほぼ8割を3番ウッドで打っている状態だったのです。

ただ尻上がりにスコアもよくなるなど流れは悪くなかったのと、怪我の功名というかドライバーを封印し3番ウッドでティショットを打っても戦える自信がついたのとで、次の週に日本で行われるミズノ・クラシックでは少しだけ自分に期待する気持ちがありました。が、折角つかみかけていたいいフィーリングが、ミズノに入った途端、消えてしまったのです。跡形もなく……。

何が原因なのかは自分でもわかりません。大会初日、朝の練習で調子が出ないままスタートすると、案の定ドライバーが曲がり、奪ったバーディはわずか1個。ボギーは4つ、ダブルボギーをひとつ叩きました。ただただ不安が増していくばかり。まるで指先から砂がこぼれ落ちるように、積み上げてきたメカニックが音をたてて崩れていきました。

そのときです。やっぱりメカニックを追求していてもダメなんだ、とスイッチが切り替わったのは。

「スウィングはどうでもいい。自信の持てるフィーリングで打てればいいんだ」

しかしフィーリング重視の方針に変えたとして、いいフィーリングを果たしてどうつかめばいいかは雲をつかむような話です。

救いだったのはそのころになるとイメージが湧かないのはドライバーだけで、フェアウェイウッドやアイアンに関しては自信を取り戻しつつあったことです。今自分が持っているもので精一杯戦えばいい。そんな開き直りもありました。

もちろん気は重かったです。ドライバーはまだ打てば曲がるわけですから。

完全な解決策は見いだせず手探りは続きました。はっきり言ってスコアメイクできる状態ではありません。でも家に閉じこもっていても何も変わりません。

「出続けることで何かきっかけをつかめるかもしれない」「ある日突然よくなるかもしれない」という、かすかな希望にすがって、試合に出続けていました。

そんな中、「今日は何回か思うような感触で打てた」と納得できるショットが徐々に出始めたのです。

当時の私はアマチュアと同じ。スコアを出してナンボのプロゴルファーが「今日はナイスショットが３回あった」と言って幸せな気分になっていたのですから。

そしてシーズン最終戦のＡＤＴ選手権で私はとうとうひとつのきっかけをつかみました。

女子プロ界で最高の優勝賞金１００万ドル（１億円以上）がかかるビッグイベントは、

ポイントランク上位32名にしか出場が許されないエリートフィールドで競われます。シーズン前半にポイントを稼いでいた私にも出場権がありました。

この大会は試合形式が変則で、2日目まではストロークプレーを行い上位16名のみが3日目に進出。最終日に進めるのは3日目の成績の上位8名だけ。そして最終順位は最終日のスコアだけで決まるサバイバルレースです。

距離が長く、ハザードが要所を固めるタフなコースを相手に、本調子ではない私はそれこそ死にもの狂いでした。

最初の関門は上位16名以内に入ることですが、2日目を通算3オーバーで終えた私はアニカ・ソレンスタム、ナタリー・ガルビスと並び、15位タイ。3オーバーまでに17人いるので、1人をふるい落とさなければなりません。そこで3日目進出を賭け、私たち3人は切符2枚を奪い合うサドンデスのプレーオフを戦ったのです。

18番は池がらみの距離のあるパー5。3番ウッドで刻んでは距離が足りないため、どうしてもドライバーを打たなければなりません。まして相手は強豪中の強豪、アニカとナタリー。プレッシャーがかからないわけがありません。

緊張の中、迷う暇もなく放ったドライバーショット。ところがその1打は私の不安をかき消すように、フェアウェイを真っ二つに引き裂き、ど真ん中に突き刺さったのです。

「やった！」

心の中で叫びました。ようやく出た会心の当たりです。

でもどうやって打ったのかまったく覚えていません。本能のままに放った結果が会心の当たり。それだけ無我夢中だったということでしょう。

試合が終わってからそのときのビデオを見直して初めて、自分のスウィングを客観的に観察することができました。何のことはない、あれほど嫌って、コンプレックスを持っていたシャットフェースで、私はフェアウェイど真ん中へ完璧なショットを放っていたのです。

「なんだ、シャットフェースでいいんじゃない！」

自分が一生懸命やっているつもりのスウィングと実際ビデオで見たスウィングとのギャップがあれほど大きいとは……。メカニックにこだわらなくても、本能の赴くまま、フィーリングの赴くまま打てばいい！　ようやく私はその結論に達しました。

プレーオフの結果も、アニカを下した私とナタリーが3日目に進んだのです。

ミズノ・クラシックで感じたファンのありがたさ

ところで主戦場をアメリカに移してから、正直日本で私は忘れられた存在になっているのでは？　という思いがありました。正確に言うと、そう感じ始めたのは、調子が悪くなりだしてからです。

直接ファンの方と触れ合う時間がほとんどない上、ゴルフの調子もさんざんだったせいで、この世の中に私を応援してくれている人は必ずいる、という気持ちを持てなかったのだと思います。

ブログにはたくさんの励ましの言葉をいただきました。すごくうれしかった。勇気をもらいました。

でも中には批判的なコメントも多々ありました。

ネット社会ですから、誰がどんな意見を書き込んでくれてもいいのですが、でもやっぱり落ち込むこともあります。ひとりの部屋で読むことが多いのですが、文字の力というのは、ある意味とても強烈なんです。たくさんのうれしいコメントがあっても、たったひとつ、批判的な内容を読んでしまうと、そのひとつが気になって、暗い気持ちになり、落ち込んでしまう。

　口で何か言われるより、文字から受けるショックの方が、なぜかずっと大きいことに気付きました。だからこそ、自分も気をつけなければ、と反省するいい材料にはなったのですが。

　そんな経緯もあり、もう応援してくれる人なんて誰もいないんだ、と思いながら久しぶりに出場した日本での大会がミズノ・クラシックでした。あのときは本当に不安定で、でも、大勢のギャラリーの方に囲まれ、「藍ちゃん、頑張って！」と声をかけていただいて、心の底から「ありがたいなぁ」と思いました。

　大会初日、練習グリーンからティグラウンドに向かうとき、皆さんの温かい声援を背に受け、涙をこらえるのに必死でした。

　どう足掻いても優勝争いできる状態ではないことは、ギャラリーの方もわかっていたと思います。

ショットは曲がり、パットは決まらない。リーダーボードのずっと下の方で戦っているのに、見離さずに大勢の方々がついて下さった。

「人って温かいなぁ」って思いました。

以前、何かの大会で予選落ちしそうになったとき、「藍」と描いてある手作りのTシャツを着た小さな女の子が「アイちゃん、がんばって！」と言ってくれた直後に、長いバーディパットを決めたことがあります。

そんなふうに声援を力に換えてこれたからこそ、私は日本で何勝もできたのだと思います。

ファンの声援に応えたいから、選手はいいプレーをしようと思うのです。

いいショットに「わ〜」っと、大きな歓声が湧く。

いいパットに「わ〜」っと、盛り上がる。

たったひとりのプレーヤーのワンショットを、何千人、何万人が固唾をのんで見守り、決まったとき、地響きのような歓声が湧き上がる。これは体験した人でなければわからないプロゴルファーの醍醐味です。

プロなら誰だって、いいところを見せたい、と思っているはずです。自分のプレーを見て欲しくない、と思っている選手はひとりもいません。自信があって、得意なものを表現しているわけですから、ギャラリーが見てくれない試合なんて面白くも何ともありません。

ミズノ・クラシックでのあの声援が私に力を与えてくれました。

「もう一度頑張りたい！」という強い気持ちを与えてくれたのです。

ピアとリンの教え

私は07年の全英女子オープン以降、ピア・ニールソンとリン・マリオットの２人に、主にメンタル面のコーチをお願いしています。

実は高校生のとき『ゴルフ54ビジョン』という本を読み、「お父さんと似たような考え方をした人がいる」と興味を持ったのが、ピアとの出会いでした。

当時ピアはスウェーデンのナショナルチームのコーチでしたが、しばらくしてアメリカに拠点を移し、パートナーでティーチングプロのリンとともに「ビジョン54」を設立。プロを教えることはもちろん、インストラクターの育成からアマチュアの指導、企業向けセミナーの開催まで、多方面で活躍するようになりました。

私が憧れていたアニカ・ソレンスタムをアマチュア時代から指導してきたのがピアです。彼女はスウィングテクニックだけを教えるのではなく、どうしたらいかに少ないスコアで上がることができるのか、スコアメイクのノウハウやゴルフに対する考え方、メンタル面を教えられる数少ない指導者のひとりです。

パー72のコースのすべてのホールでバーディを奪うとスコアは「54」。そんなことできるわけがない、と決めつけるのではなく、「すべてのホールでバーディを奪うのは可能なんだ」と考えることで限界を打ち破り、自分の中のポテンシャルを引き出すというのが「54ビジョン」のコンセプトです。

アニカは女子で初めて「59」をマークした選手として知られていますが、「もし54ビジョンを知らなかったら、10個バーディが来たところで、もう限界、こんなにいいことが続くはずはない、と自分で自分にブレーキをかけて失速し、50台をマークすることはできなかったと思います。すべてのホールでバーディを奪うことは絶対不可能じゃない、と信じていたからこそ59が出せたのです」と感想を述べています。

不可能を可能にする合い言葉。

それを知って私は自分のサインを漢字の「宮里藍」から「Ai54」に変えました。

私がピアとリンに傾倒していることが人づてに本人たちに伝わり、彼女たちがスポーツ界の女性コーチによるシンポジウムに出席するため来日した際、念願かなって対面することができました。05年の日本女子オープンのときです。

その週、私は連戦の疲れから腰を痛め予選落ちしていますが、ピアとリンと出会った瞬間の温かく包み込むような雰囲気に触れ、益々ファンになりました。

アメリカに渡ってからも交流は続き、ときどきメールなどで近況を報告していたのですが、彼女たちの新刊『ゴルフビジョン54の哲学』を読んでから、「直接、習いたい」という思いが一層膨らみました。

そして07年の全英女子オープンのとき、ほかの選手のコーチとしてセントアンドリュース入りをしていたピアとリンに、正式にメンタル面でのコーチをお願いしたのです。

まだそのときは自分がこのあと人生初のスランプに直面するとは思ってもいませんでした。ただ２日目に「80」を叩いたときから、その兆候はあったのだと思います。極め付きは最終日の17番、2連発でホテルに当てたティショットです。

ゴルフ人生の過渡期に、2人にコーチをお願いできたのは、何かの縁だと思います。でも本格的に習い始めたのは、年が明けた08年の1月から。07年ツアー最終戦のADT選手権でアニカらとのプレーオフに勝った1カ月半ほどあとのことです。

沖縄でオフを過ごした私は、正月明けにピアとリンのいるアリゾナに直行し、約3週間を現地で過ごし、新たな気持ちでゴルフと向き合って、心の底から力が漲るのを感じました。

そのころはすでに「メカニックではなく、自分のフィーリングを優先したい」という気持ちが固まっていましたから、スウィング論に偏らない2人の言葉はスーッとやさしく耳に馴染みました。

750エーカー（東京ドーム650個分！）の広大なチャンピオンコースの一角に練習場はあり、コソコソ話をしても聞こえそうなほど静かな環境の中、これまでとはまったく違う練習の始まりです。

「アイ、あなたはもともとマジックテンポを持っているのよ！」

ピアとリンからそう言われたとき、パズルの1ピースがカチッと音を立ててはまったような気がしました。

２人のレッスンは新たなことを教えるのではなく、自分の中にすでにある最高の部分を引き出すものです。

そのために、スウィングのテンポをいつもの25パーセントで振り、次に50パーセント、75パーセントというように、大袈裟に変えて振ってみる練習に取り組みました。グリップに入れる力も3割にしたり、５割にしたり、８割にしたり。その中で、自分に一番合っているテンポ、しっくり来るグリッププレッシャーを見つけるのです。

それこそ一日中、テンポならテンポの練習を繰り返します。この力加減ならどうだろう？　この速さで振ったらどうだろう？

ひとつのことに向き合い、自分の体のリズムと会話する感じです。どれが一番自分にとって気持ちがいいのか？　シャットフェースであるとか、トップの位置がどうだとか、そういったことは一切気にしません。ひたすらリズムを探します。１００回打ったら１００回同じように振れるスピードを探すのです。

ありとあらゆるテンポで振っているうち、ふと気付いてみたら、私のスウィングはすっかり中学生のときのリズムに戻っていました。スランプに陥っていた時期に比べ、バックスウィングはずっとゆっくりになっていたのです。

「あぁ、これが私にとって、心地よいテンポなんだ！　自信を持って打てるのは、このテンポだったんだ！」

ストンと胸のつかえが取れました。

既成概念を打ち破ってくれた「54ビジョン」

ピアとリンは手取り足取り指導するわけではありません。

さまざまなドリルや練習のアイディアは教えてくれますが、それらもすべて強制ではありません。練習法が合うかどうかは人によって違うので、自分に合っていると思うものを取り入れればいい、というスタイルです。

3週間のうち彼女たちに直接指導を受けたのは2、3日程度でした。でもその短い時間は私にとってとても濃密で、発見の連続でした。自分がいかに固定観念や先入観に縛られていたのかを知って、目からウロコが落ちる思いでした。

既成概念の最たるものが「フェードを打つにはスウィングを変えなければいけない」と思い込んでいたこと。また「パー5ではバーディをとらなくちゃいけない」というのも、自分で自分にプレッシャーをかける思い込みのひとつでした。

実はゴルフを始めたときから私はボールを真っ直ぐ飛ばすことしか考えてきませんでした。球を大きく曲げるなんてもってのほか。クラブフェースは常に目標に対して真っ直ぐ使わなくてはいけない、と思い込んでいたのです。

でも考えてみれば、実戦では球を真っ直ぐ飛ばせばいい状況ばかりとは限りません。目の前の木を避けるには、左からボールを回すスライスを打たなければならないし、フックをかけてハザードを避けるショットも必要です。

それなのになぜか練習では、意図的に曲げるショットを打ったことがなかったのです。

たとえばアプローチで高い球を打つとき、フェースは開いて使います。ならばほかのショットもフェースを開いて打ってもいいのではないか？　サンドウェッジで低い球を打ってもいいし、ロングアイアンで高い球を打ってもいい。こうしなければいけない、というルールなどどこにもないんじゃないか？　そんな当たり前のことに今さらながら気付かされました。

フェードを打つにしても、スウィングを変えずに打つ方法はあります。構えたときにフェースの向きをターゲットに合わせて、少しだけ体を左に向け、そのスタンスに沿ってクラブを振ればアウトサイドインのカット軌道になるから、フェードは打つことができる。発想をほんのちょっと変えるだけで、難しいことではありません。

「真っ直ぐ打つことだけがゴルフじゃないんだ」

「何でこんな簡単なことがわからなかったんだろう？」

固定観念に縛られていたこれまでの自分が不思議でなりませんでした。

ピアとリンの指導法は、父と同じように選手のいいところを見つけ出してくれる前向きなものです。

「その打ち方はダメ」と頭ごなしに言われたら、やる気をなくしますが、「今日のあのショットはよかったね。でももう少しこうするともっとよくなるよ」と言われたら、その気になって木に上る。私はそういうタイプです。

ピアとリンの教えに「否定」はありません。私が何を考えているのか？　何を感じ、何に悩んでいるのか？　たくさんの質問を投げかけることで、本人さえ気付いていないことに目覚めさせ、自主的に、ではどうすればいいのか？　を考えさせてくれます。

「あなたはあなた自身のＣＥＯなのよ！」

ＣＥＯ＝チーフ・エグゼクティブ・オフィサー。つまり最高経営責任者のこと。選手がコーチに依存するのではなく、自分で考え、自分で行動するプレーヤーになりなさい、と彼女たちは言います。「自分で自分のコーチになりなさい」と。

２人と話すとモチベーションが高まります。

父も私のアマチュア時代にはそういう指導をしてくれていました。でもプロになって、ましてアメリカに来て、チェックしてもらう時間が限られてしまうと、今足りないものを補うことで精一杯。褒められる、という感覚をどこかに置き忘れていました。

事実、あれもしなくちゃいけない、これもしなくちゃいけない、とすべてをmust（マスト）にとらえたために、練習が楽しくないこともありました。

だから余計ピアとリンの温かさを感じて、スランプのときあれほどイヤだった練習が楽しくなり「次の日が早くこないかな」と思うようになったのです。

アリゾナの広い大地に立つと、ショットのイメージが次々と湧いてきます。

たとえば120ヤードの地点を示す赤いピンから球を回して、150ヤード地点の青いピンにドローを打ってみようとか、黄色いピンの左を通して赤いピンにフェードを打ってみようとか。球を曲げてターゲットを狙うことの楽しさを、初めて実感しました。

もともとイメージが湧かないと打てないタイプなので、いくらヤーデージの表示があったとしても、日本の練習場のマットの上からでは、ここからあそこへ球を曲げて攻める練習をしよう、という気にはなれませんでした。

それがアリゾナでは面白いようにイメージが湧いてくるのです。

ときには片足立ちで球を打ったり、曲打ちのようなことをして、メカニックにとらわれずにクラブを操り、クリエイティブなショットを打つ楽しさにも目覚めました。

本で読む「54ビジョン」ではなく、肌で感じる「54ビジョン」。

プロになってから、08年の冬ほど充実したオフを過ごしたことはありません。

頭ではなく体で感じるゴルフへ

メカニックを重視していたころは、スウィングの形を整えることばかりに気を取られていました。

ビデオに映してチェックして、「こんなにまだシャットフェースになっている」とヘコんだり、フィーリングがよくても形が悪いと「もっと手首に角度をつけなきゃいけない」と、許容範囲以上のことを求め、ないものねだりをしていたような気がします。

父に言われるがまま。自分から「こうしたい、ああしたい」という意志を表現することは一切なく、常に受け身でした。これでは自分で自分のコーチになることはできません。だからといって父が悪いわけではありません。父はスウィングのメカニックを教えるインストラクターとしては超一流だと、今でも思っています。こうしてフィーリング重視のゴルフを追求できているのも、根底には父から教わったメカニックの基礎があるから。根っこがあるからこそ、フィーリングを追求できているのです。

ピアとリンのところで、今までやったことのない練習に取り組むうち、次第に頭でスウィングを考えるのではなく、体が自然に動くスタイルへと変化していきました。

たとえばバックスウィングでグリップが右腰の真横にきたとき、シャフトは飛球線に対して平行で、フェース面と左手甲は正面（おヘソが指している方向）を向いているのがセオリーですが、それを頭で考え「ここに上げなければいけない」と思ってやると、スウィングがとても窮屈でぎこちなくなります。

でも片足立ちで球を打っていると「クラブをどう上げよう」と思わなくても、クラブが自然に体に巻き付いて、然るべき軌道にクラブは上がるしかないのです。そうするうちに、意識しなくてもハーフウェイバックでシャフトは飛球線に平行、フェースと左手の甲が正面を向く、理想の軌道に近づいていきます。

直そうと思って直すのではなく、ドリルを行っているうちに、結果として正しい方向に導かれていく。同様に球を曲げる練習をしているうちに、曲げようと意識しなくても、イメージしただけで体が反応するようになっていきました。

1回の素振りに1分以上の時間をかけ、超スローモーションでスウィングを行う「太極拳素振り」にも挑戦しました。これをやると、自分がごまかしていた部分が浮き彫りにされます。自分が実際にやっていることと、自分がイメージしていることの違いが、手に取るようにわかります。しかも普通の素振りを１００回やるより、太極拳素振りを10回やる方がずっと疲れる！

これらのドリルを多用することで、頭で考えて振るのではなく、体に動きを沁み込ませる作業に取り組みました。

プレショットルーティンも変わりました。アドレスに入るまでの動作を、ただ習慣的にこなすのではなく、「気持ちよく振れるような」ルーティンを行うようになったのです。

打球動作に入る前、ボールの後方に1本の線が横たわって引かれている様子をイメージします。線の後方は考えるエリア、前方は実際に打球動作を行うエリアで、このふたつのエリアをはっきりと分けるための工夫です。線の後方にいるときは、ライの状態や風向きを確かめ、素振りをしてスウィングのチェックポイントなどを考えますが、ひとたび線をまたいで打球動作のエリアに移ったら、そこから先はターゲットと自分だけの世界。アドレスに入ったら、ターゲットが要求してくるショットを思い描いて、体を反応させるだけです。

「あそこにＯＢがあるから絶対右に打っちゃダメ」とか「バンカーに入れちゃいそうな気

がする」といった雑念は一切排除。いいイメージだけを抱いて、思考は停止させ、気持ちよく振ればいい。

そして、ミスをしても、大袈裟に反応したりしません。客観的に自分を振り返ることができるようになれば、感情的になって悔しがったり落胆することもなくなります。ミスに過剰に反応すると、悪いイメージはなかなか消えません。セーフウェイ・クラシックの9番で、真っ直ぐ右に飛び出した球にショックを受けた私のように……。

あのとき、ミスをあたかも他人がやったことのように処理できていれば、あれほどスランプが長引くことはなかったはずです。

頭ではなく、体で感じるゴルフに取り組み始めてから、面白いことに生活面でも集中すべきポイントがわかるようになってきました。

それまでは全部完璧にこなさなければならないと思い込み、1日たりともクラブを握らない日はなかったのが、メリハリもつけられるようになりました。

もしかしたら私は少し真面目過ぎたのかもしれません。息抜きも必要だということをスランプが私に教えてくれたのです。

ようやく自覚できた自分の性格

「54ビジョン」に出会ってから、自分のことを知りたい、と思うようにもなりました。知っているつもりでも、案外自分のことはわかっていないものです。いい特徴もあるし、悪い特徴もあります。でもなんとなくわかっているだけで、それをどう活かすべきか、直すべきか、というのはなかなかわからないものです。

たとえば朝イチのティグラウンド。誰でも緊張すると思います。以前の私も何か漠然とした不安を感じながらスタートすることが多かったのです。

そんな日は一日中、不安を抱えたまま過ごすか、あるいは何かラウンド中にきっかけがあって急によくなるか、ふたつにひとつ。どちらにせよ不安の正体はわからずに過ごしていました。

でも今は、自分がなぜ不安になるのか？　という理由がわかってきました。

不安の正体は「未来に対する漠然とした心配ごと」。

たとえば忘れ物をしたとします。それがバッグだとして、忘れたことに気付いたとき、

「あぁ、もしかしたら誰かに盗まれてしまっているかもしれない」と不安になります。

「どうしよう？　お財布の中のカードは大丈夫かしら？　いや、大丈夫じゃない。今からカード会社に電話をして、すぐにカードを止めてもらわなきゃ」

「銀行のカード、あれも引き落としができないようにしておかなければ！」

「返さなきゃいけないＤＶＤ、どう言い訳をすればいいんだろう？」などなど。

まだ盗まれたと決まったわけではないのに、ストーリーを頭の中で勝手に作って、あれもしなくては、これもしなくては、と思い込む。誰にでも経験があると思います。

これは脳が最悪の場合に備えて、ショックを軽減するため、無意識のうちにやっている作業なのだそうです。いわゆる自己防衛本能っていうヤツです。

これとまったく同じことを以前の私は試合でやっていました。

まだ始まってもいないのに、「ミスをしたらどうしよう？」「バンカーに入れたらどうしよう？」「予選落ちをしたらどうしよう？」と、未来を考え不安になる。

実際ティグラウンドに立ったときには、それほど具体的に心配ごとを自覚しているわけではありません。だから何だかわからないけど不安、という状態に陥るのです。

でも「次のホールは狭いからティショットは絶対に曲げちゃいけない」とか、「あのバンカーには入れたくない」とか、そういうことはよく考えていました。

少しでもイヤだな、と思った瞬間、体は素直に反応します。漠然とした不安を抱いただけで、いくら頑張って力を抜こう、リラックスしよう、と思っても、思ったほど力は抜けません。

これらはすべて気持ちが先走ることによって起きる現象です。

「バーディをとっても、ボギーを叩いても、過ぎてしまったことはすべて過去のこととして、気持ちを切り替えなければいけない」というのは、ゴルフではよく聞くセリフです。過去に気を取られていたら、目の前のショットに集中することはできません。

それと同じく、未来のことを考え過ぎて気持ちが先走っても、思うようなプレーはできないのです。

過去でも未来でもない、「今」に自分を置くこと。これがナイスショットを紡ぎ出すための大きな鍵です。

私は自分がかなりの心配性で、取り越し苦労のタイプだったことが、わかりました。次に起こるであろうことを想定して、心の中でジタバタして、体が強ばって、本番になると練習場とはまったく違うスウィングをしていたのです。

スウィングのメカニックが気になっているときも、パターンは同じ。次のショットをどういうスウィングで打とうかと考え、気持ちが先走って上体に力が入り、イメージしたのとは違うことをしていたというわけです。

でも最近、不安を抱えたままティグラウンドに立つ回数は減ってきました。少なくとも、心を「今この場所」に止めておくことの大切さは理解しているので、漠然とした不安を持ったままスタートすることはなくなりました。

自分が案外心配性で、気持ちが先走るタイプだった、というのは新たな発見でしたが、ほかにもスランプになってから気付いた自分の性格があります。それは、思っていた以上に、周りのことを気にするタイプだったということ。

気を遣うのは決して悪いことではないのですが、試合中まで自分のプレー以外のことに気を遣う性格は、ときとしてマイナスの作用をもたらします。

思えばアマチュアのころに海外で試合をしたとき、一緒に回っていた外国人選手のスロープレーで、途中から競技委員がストップウォッチを持って私たちの組にへばり付いていたことがあります。すると私は、競技委員の姿を見るだけですごく焦ってプレーのリズムを崩し、ボロボロになってしまいました。

あとで「自分がスロープレーをしているわけでもないのに、なぜ、あんなに焦ってしまったのだろう？」と悔しい思いをしたものです。同伴プレーヤーにまで気持ちを左右されてしまうのが私の悪い癖。もっと自分のことだけを考えて集中したい。最近特にそう思います。

周りを気にするタイプだから、周りにどう見られているかもすごく気になります。よく思われたいから、自分に過度の期待をする。これはまさにＨＳＢＣマッチプレーで準優勝したあとの私がそうでした。皆の期待に応えたい、応えなければ、という思いは、いつの間にか、期待に応えられない自分はダメだ、ミスをする姿を見せるのは恥ずかしい、というマイナス思考に陥っていたのです。

日本で勝っていたころは、もっと自分のことだけを考えていたような気がします。だからこそ勝てていたのかもしれません。

心配性の自分を笑い飛ばした瞬間

不安を抱えたままティグラウンドに上がらない努力はしていますが、それでもまだ試合の最終日に不安になって、体を思うように動かせなくなることがあります。

たとえば08年4月のメジャー初戦のクラフト・ナビスコ選手権。ピアとリンが会場に来て、実際に私のプレーを見てくれたのですが、試合が始まる前に言われたのが「自分にあまり期待しない方がいい。期待はプレッシャーにつながるから」ということ。

これを聞いて気持ちがふっとラクになり、フラットな状態で本番に臨むことができました。

初日。余計なことは一切考えず、自分のペースでプレーできたから流れがよく、スウィングのテンポだけでなく、歩くときのテンポや打つ前のリズムなど、すべてが上手くいって、7バーディを奪い、4アンダー68をマークして2位タイ。久しぶりに好スタートを切ることができました。

「あぁ、自分はやっぱり技術的なことを考えるんじゃなく、野性的カンでゴルフをする方がしっくりくるんだなぁ」と実感したものです。

スコアにとらわれるのではなく、1打1打のフィーリングを大切にすることが、最終的にスコアにつながるのです。

スコアを気にするということは、気持ちが先走っている証拠。でもいくら頑張ってもスコアをコントロールすることはできません。できるのは、たとえばリズムを一定にすることだったり、グリッププレッシャーを一定にすることだったり、そういう具体的なことだけです。その日私は自分のゴルフを最後まで貫くことができて、晴れ晴れとした気持ちで18ホールを完走しました。

でも2日目以降は同じことをやっているんだけれど、少しずつ何かが嚙み合わずにスコアメイクできず、我慢のゴルフが続きました。

そして通算3オーバー、22位タイで迎えた最終日。私は例の「漠然とした不安」にかられていました。

何だかよくわからないけれど、無性に不安で仕方ないのです。

緊張して胸が苦しく、体が強ばって思うように動きません。

一生懸命、心を今、この瞬間に戻して、集中しようとするのですが、それができない。

スタート直後の2番パー5でこの日ひとつ目のボギーを叩き、3番でパーをセーブしたあとの4ホール目。ティショットをフェアウェイのいいところに置いたのに、一向に不安を拭いきれない自分にケリをつけようと、私はキャディのミックにこう打ち明けました。

「私、未来のことに頭がいってしまって、どうしようもないくらいに緊張しているんだけど……」

するとミックはいつものポーカーフェースで、こうポツリと呟いたのです。

「アイ、ボールは今、ここにあるんだよ！」

ミックの視線の先には、直径4センチの白球がフェアウェイの芝に映えて、何ごともなかったようにひっそりと佇んでいました。

「そうだよね！　ボールはここにあるんだよねぇ」

その会話を交わしたとき、ふっと緊張の糸が緩みました。気持ちを現実に引き戻すことができたのです。

「私の脳みそは、何で未来のことばかりを考えるんだろう？　なんでこんなにも心配することが好きなんだろう？」

そう思ったら、何だかすごく可笑しくなってしまいました。自然に笑みがこぼれ、あまりにも余計なことを心配したがる自分を笑い飛ばしていたのです。

そのホールはセカンドショットをバンカーに入れ、１打で出せずにボギーとしてしまいましたが、５番ホール以降、気持ちはすっかり切り替わっていました。

緊張したとき。漠然と不安を感じたとき。それを切り替えるまで、今の私は４～５ホールかかっています。４ホールだとして約１時間を費やしていることになります。

でもアニカはこれを数十秒、あるいは数秒でこなして、気持ちを切り替えているのだと思います。そこが米ツアーのトップで戦っている人と自分との差。

完全に自分に戻るまで１時間かかるのと、数秒でスイッチを切り替えられるのでは大きく違います。この差を埋めるために私は黙々と目の前の課題に取り組んでいるのです。

私はここにいるんだよ！

いいときというのは自分で自分を冷静に眺めることができます。そういうときは、いい意味で「セルフトーク」ができている日でもあります。

セルフトーク、つまり自分とうまく会話することによって、先走りそうになる自分、過去にとらわれる自分を現実に引き戻し、自分で自分を捕まえることが可能になるのです。

一口に自分といっても、決してひとくくりにはできません。脳みその中の自分もいれば、感情に支配される自分も、理性的な自分もいます。これらさまざまな自分がいて、そのどれかが先走ったり、過去にとらわれたりするのです。

そして私はいろいろな自分のピースを、今ここにいるひとつの大きな自分に戻す作業をしています。

それができているときは、まるで他人を見るような目で自分を見られるので、冷静でいられます。

「グリップに力が入っているんじゃない？」とひとりの自分が言うと、もうひとりの自分が「じゃあ、手を大きく振って、リラックスさせてみようか」と返事をする。セルフトークを交わしながら、自分自身を取り戻していくのです。

セルフトークのほかにもピアたちとのセッションの中で教わった方法には、効果的なものがあるので紹介します。

たとえば自分では力を入れるつもりはなかったのに、打った瞬間「あっ、右手にテンションがかかり過ぎている！」と感じたとします。そんなとき私は、次のショットに備えて右手をブルブル振って、脳から手に「今、右手の緊張感を解いて、リラックスしているんだよ」ということを伝えます。

ただ頭で考えて「力を抜け」と命令しても、体は反応してくれません。腕を揺すって、いかに力が入っているかを実感し、リラックスしたときの状態を体に思い出させなければ、力は抜けません。

ときには腕を付け根からグルグル回します。両肩を上げて思いっ切り緊張させてから、ストンと肩を落とし、脱力感を体で感じることもあります。

軽くジャンプをして、今自分の肉体がここで躍動している、という事実を確かめることもあります。

もちろんこれらの動作はすべて試合中に行うものです。

そして全部が、先走る自分や、過去に引きずられている自分を、今の自分に引き戻す作業。自分を捕まえておくための動作です。

緊張したら深呼吸をしましょう、とよく言います。でも私の経験では、深呼吸だけでは自分を捕まえることはできません。

「緊張なんかしていない」と言い張る自分の脳みそに、「実は緊張しているんだ」ということを自覚させるには、体を動かして「あぁ、こんなに筋肉が強ばっていたんだ」と認識させるのが一番。

腕を振って、肩を上げ下げして、ジャンプして、

「私はここにいるんだよ！」

と、自分で自分に教えるのです。

地に足が着いている、というのは、自分を捕まえられている状態のことです。うまく自分と会話を交わしながらプレーができたとき、欲張らなくても自然と結果はついてきます。

第３章　アメリカで経験したこと

日本にいたらここまでゴルフを考えていなかった

この第3章ではアメリカツアーで戦ってきたこの3年で印象に残った日米両ツアーの違いや、尊敬するプロ仲間のこと、言葉や環境への対応についてお話しします。

驚かされたり、打ちのめされたり、感謝したり……スランプ以外にもいろいろなことがありました。

では第一声!

今さらながらアメリカは広い。

私が住んでいる西海岸と、東海岸とでは時差が3時間あり、移動には相当な時間と労力が必要です。でもそれを苦に思ったことは一度もありません。

40代後半のジュリー・インクスターが同じことをやっているのですから、20歳そこそこの私が大変だ、なんて言っていられません。

ときにはスーツケースがどこかの空港で迷子になったり、乗ろうと思っていた飛行機が突然キャンセルされて焦ることもありますが、私はアメリカに旅行に来ているわけではなく、試合に出るために来ているのですから、移動で疲れていては話になりません。

アメリカでは1日のうちに四季がある、と言われることがあります。晴れていたと思ったら、突然真っ黒い雲が空を覆って、激しい雷雨に襲われることもしばしば。なので試合の中断は日常茶飯事。中断が1時間のときもあれば、延々4時間、5時間続くこともあります。

日本だったら54ホールが36ホールに短縮されるような状況でも、アメリカでは試合を月曜日まで延長してでも、きっちり72ホール、あるいは54ホールを消化するというのが基本。中断が続いて一日中、クラブハウスで待機し続けることもあるし、タフな戦場であることは確かです。

いつ再開するかわからない状況の中、いつ再開されても大丈夫な集中力を保つのはなかなか難しいのですが、それをアメリカで戦っている選手たちはきっちりやってのける。普段からオンとオフ、集中するところと抜くところのメリハリをつけるのが上手だな、という印象があります。

でもそういうときって、普段すれ違いで喋れないような選手とメールアドレスを交換したり、世間話をしたりするいい機会。３つ年下のモーガン・プレッセルと仲よくなったのも、サスペンデッドでクラブハウスに閉じ込められたのがきっかけでした。

米ツアーでプレーしていて思うのは、関係者だけでなく、ギャラリーやコースの周辺で出会う一般の方々まで、ゴルフをよく知っている、ということです。たとえばですが、携帯のカメラで撮影をしない、などのマナーはごく普通のこととして守られているし、選手がプレーしやすい環境、ギャラリーが楽しめる環境を作ろうと、皆が心をひとつにしているような感じがします。

でもアメリカと日本で、何が一番違うか？　と聞かれたら、私は「コース」と答えます。最近日本の試合にあまり出ていないので、もう変わっているかもしれませんが、アメリカのコースは、縦の距離感を1ヤード刻みで求められます。1ヤードというのはちょっと大袈裟かもしれませんが、少なくとも5ヤード刻みの距離感を持っていなければ上には行けません。

セッティングがタフな上、ピンポジションも難しく、フルショットで打てる距離というのは滅多にありません。必ず2～3ヤードの細かい打ち分けが必要になってきます。

たとえば私はＳＷ（サンドウェッジ）のフルショットが75ヤードで、ＰＳ（ピッチングサンド）でマックス打てる距離が95ヤードなのですが、その間に20ヤードのギャップがあるわけです。ＰＳ１本で75ヤードから95ヤードまでの距離をカバーしなければなりません。ビトゥイーンクラブ（Between club＝番手の間）のギャップが大きいので、それだけ精度が必要になってくるのです。

ゴルフではフルショットだけで対処できる場面は案外少ないものです。試合では80～90パーセントが、コントロールが必要なビトゥイーンクラブの距離になります。でも日本ではＳＷで75ヤード、ＰＳで95ヤードをきっちり打てれば、さほど細かい打ち分けをしなくても戦えていました。１ヤード、２ヤードの打ち分けを考える必要はなかったのです。

でもアメリカでは場所によって芝の質も違うし、タフなピンポジションや深くてヘッドに絡みやすいラフにも対応しなければならず、求められるものが多いから、こちらも引き出しをたくさん作らざるをえません。コースが選手に「こういうショットが必要だよ」という現実を突きつけてくるのです。

日本にいたら、ここまでシビアにゴルフと向き合うことはなかったと思います。奥深い部分を考えさせてもらった、という意味でも、アメリカに来てよかった、と最近つくづくと実感しています。

居場所を作る

アマチュア時代からナショナルチームの海外遠征などで外国での試合には慣れていたのですが、やはりプロになって世界で戦うというのは、ひと味違います。

高校生のときに出場した韓国・釜山でのアジア大会（02年）で私は決勝戦を地元のキム・ジュミ（金珠美）と戦っています。あのときは会場全体が「敵」でした。ジュミの一挙手一投足に拍手が起こり、私がバーディをとってもシーンと辺りは静まり返っている。アウェイで戦う厳しさを身をもって感じたものです。

そのときに比べれば、どこに出ても大丈夫、と思っていたのですが、初めて海外のメジャーに挑戦した04年の全英女子オープンは独特の緊張感がありました。メジャーの重々しい雰囲気にのまれたせいか、自分のリズムをつかむまで、かなり時間がかかったのを覚えています。

それと同時に感じたのが、ギャラリーの声の違い。

お国柄の違いだと思いますが、日本だとミスをすると「あ〜ぁ」というようなため息に似た響きが聞こえてくるのですが、イギリスではミスしたときのギャラリーの反応が高いトーンの「オウッ！」だったのです。この響きだと「惜しかったね。でもナイストライだよ」と励まされているような感じがします。

当時私はまったくの無名選手。けれどいいプレーには惜しみない拍手ももらいました。もっと頑張ろう、という気にさせられました。

あのときは調子がよくて、結果を出しにいこうと意気込んでいただけに、パットが入らず予選落ちしたときは、本当に悔しかった。２日目を終えて練習グリーンで父にストロークのチェックをしてもらったら、左手の親指が少し被り過ぎていたためにフェースがロールして、思ったところにパットが打てていなかったことがわかりました。

「なんでそんなことができていなかったんだろう？」と思ったら悔しくて仕方なかった。

そういえばそのときも思ったものです。狙って勝ちにいこうとすると結果が出ないのはなぜだろう？って。で、思ったのが「意識すると、ゴルフが小さくなってしまうのかもしれない」ということでした。４年も前に、すでに私は気付いていたのですね。

メジャーデビューはほろ苦い結果に終わりましたが、もちろん収穫もありました。それまで漠然としていた海外のイメージがより明確になり、「ショットはある程度戦える」という手応えをつかんだことが大きかった。それに早くアメリカに行きたい、とモチベーションがさらに上がったのも、メジャー初挑戦がきっかけでした。

そして何より難しいコースで、競争の激しいフィールドで戦い、「世界は遠くない」と思えたことが私にとっては一番大きかったです。

そんな私をさらに世界に近づかせてくれたのが翌年（05年）南アフリカで開催されたワールドカップ女子ゴルフでした。

北田瑠衣さんとペアを組んで、第1回大会のチャンピオンになれたことはもちろん感激でしたが、外国の選手に「アイ・ミヤザト」という名前を覚えてもらい、固有名詞で声をかけてもらえるようになったのがうれしかった。初めて自分が受け入れてもらえたような気がして、「これでようやく海外での居場所を作れた」と思いました。

フェアウェルパーティでは尊敬しているカリー・ウェブが向こうから「おめでとう！」と声をかけてきてくれて緊張したのを覚えています。その彼女と、すぐ次の試合（ANZ

レディース・マスターズ）で優勝争いをするなんて、思いもよりませんでしたけれど。

ワールドカップをきっかけに、海外の試合でも練習場に随分行きやすくなりました。全英のときは気後れして、アニカが練習するのをチラッと見ながら「あぁ、今、私、アニカと同じ試合に出ているんだなぁ」と、その場に立てていることが信じられずにどぎまぎしたけれど、ワールドカップをきっかけに誰の横で練習しても堂々としていられるようになった気がします。

居場所を作るというのは、とても大切なことだと思います。その場をアウェイではなくホームにする。自分のフィールドにするということですから。

そのためにはその国の言葉も喋れるようになって、きちんとコミュニケーションが取れるようになって、戦いやすい環境を自分で作れなければ、本当の意味での対等にはなれません。

米ツアーに本格参戦した1年目は、最初すごくピリピリしていたし、心地よい環境というのは、まだ作れていませんでした。でも2年目、そして3年目になるに従って、胸を張って「ここが私の居場所なのだ」と思えるようになりました。

それは語学力だったり、慣れだったりするのだと思います。今は100パーセント、米ツアーに馴染めているし、これが私のフィールドなんだ、と日々強く実感しています。

キャディとのチーム

試合中のプロにとって唯一の味方がキャディ。キャディは選手にとって皆さんが想像する以上に大きな存在です。

帯同キャディのミック・シーボーンには05年の全米女子オープン以来、バッグを担いでもらっていますが、実はそのときにはほとんど言葉を交わした記憶がありません。平静を装っていましたが、あまり英語がわからなかったし、ミックも無口な方なので、お互い無言でラウンドしていたような記憶があります。

今では私にとって「一番、英語を喋りやすい人」が彼。一見無愛想ですが、とても気持ちがやさしく頼りになる、私にとっては最高のキャディです。無愛想なのはきっと彼が照れ屋だからなのでしょう。

以前はローラ・デービーズのキャディをしていて、ツアーで何十勝もしているあのローラを離れて私についてくれたのですから、ありがたいと思います。

日本ではもちろん、アメリカでも最初のうちは「自分はひとりでプレーしているんだ」という意識が強かった私の考えを、180度変えてくれたのがミックです。

米ツアーに本格参戦した1年目（06年）。シーズン4戦目のセーフウェイ・インターナショナルでのこと。その週は練習ラウンドのときからなぜかショットのフィーリングが悪く、フックが出そうな予感がして仕方ありませんでした。

その予感が的中したのが2日目の9ホール目。10番スタートだったので18番ホールでのことですが、パー5のセカンドで私が放った3番ウッドのショットが、驚くほど右に飛び、ギャラリーテントを直撃したのです。ポーカーフェースのミックが「いったいどうしたの？」と表情を変えるほどのミスショット。

でも私には原因がわかっていました。フックが出そうで恐かった上に、グリーン左の池を避けようとしたために、逆球、つまり右へショットを曲げてしまうことになったのです。

怪訝な顔をしているミックに私は初めて自分の感じていたことを説明しました。

「フィーリングが悪くて、フックが出そうな予感があったんだ」と。

するとミックはこう言ったのです。

「そういうことだったの。ゴルファーは日によってフィーリングが違う。それは当たり前のことだから、何か違和感があるときは僕に言ってくれないかなぁ。クラブは14本あるんだから、何もあそこで3番ウッドを持つ必要なんてないんだ。選択肢はいくらでもあるんだよ」

そのときでした。あぁ、私はひとりでプレーしているんじゃないんだ、と実感したのは。それ以来、私とミックは唯一無二のチームになれたような気がします。怪我の功名？　あの「テント直撃ショット」のおかげです。

キャディにはいろいろなタイプがありますが、ミックは決断力があって、攻め方やクラブ選択に関して選手をリードするタイプです。頑固なので以前は「もっと攻めさせて欲しい」とか「このクラブで打ちたい」と思っても伝えられずに、不満を感じたこともありました。

でも最近では日によって違う私のフィーリングをきちんと伝え、ミックもそれに即した攻め方を考えてくれるので、益々いい関係になりつつあります。疑問に思ったことはその日のうちに伝え、気持ちを整理して次に進むからストレスがありません。

ありがたいのはスランプになってからも変わらずに接してくれること。

特に私が今、ピアとリンの指導で取り組んでいることを1から10まで理解してくれている包容力には頭が下がります。イヤな顔ひとつせず、全面的にバックアップしてくれることに心から感謝しています。

キャディはときに心理学者であり、競走馬をコントロールする騎手でもあると思います。彼は選手に迷いを持たせず、上手く手綱を調整しながら走らせてくれる。

私にとってミックは欠かすことのできない大切なパートナーです。

オチョアが世界ナンバー1であるわけ

米ツアーで誰と一番仲がいい？　と聞かれたら、迷わず「ロレーナ・オチョア」と答えます。

そう世界ナンバー1プレーヤーにして、心やさしいメキシカン。それがロレーナ。

彼女のことはまだ私が10歳くらいの小学生のときに出場した世界ジュニアのころから知

っています。ようやくパープレーで回れるようになった、と喜んでいたころ、同じコースで5アンダーも6アンダーも出して優勝していたのが4歳年上のロレーナ。子供心に「すごいなぁ」と思ったのを覚えています。

アメリカに来てからはなぜか一緒の組で回ることが多く、自然とお喋りをするようになったのですが、米ツアー1年目に誘われて一緒に食事に行ってからより親近感が増しました。

今、彼女は間違いなく女子プロの中で一番強い人。でもロレーナの前に世界ランク1位に君臨していたアニカ・ソレンスタムとはまたタイプが違います。

アニカには強烈なオーラがあって、人を寄せ付けない孤高の王者という印象がありましたが、ロレーナはおっとりとして、のんびりしたペースを持っています。すごさを感じさせないんだけれど、何となくやっていることがすごいというタイプ。圧倒されるようなオーラはないし、身近に感じるのに、気付くと「えっ？　ハーフで5アンダーも出しちゃったの？」という感じがします。

もちろんドライバーはすごく飛ぶし（男子プロ並みの280ヤード!-）、100ヤード以内はビタビタ、ピンに寄せてくるし、決めるべきパットは全部決めてくる。すごいんだけれど、すごさを見せないところが彼女の魅力かもしれません。

アニカは女子で初めて50台をマークしたり、5年連続賞金女王になったり、これまで誰もやったことのないことを成し遂げていて、私は昔から彼女に対して強い憧れがありました。でもロレーナはもっと身近な存在だと思います。

08年の開幕第3戦、HSBC女子チャンピオンズの2日目に一緒の組で回ったとき、キャディのミックが「ロレーナは今日、今までで一番ソリッドなラウンドをしていた」と感心していました。ソリッドというのは安定しているとか、いいゴルフとか、そういう意味です。

上田桃子ちゃんが「人生の中で一番難しいコースでした」と言っていたそのコースで、ロレーナのプレーを見ていたら、もしかしたら10アンダーまで伸ばすんじゃないかな？と思えたほどすごかったです。実際は4連続を含む8バーディを奪って7アンダー65でしたけれど。

その日は私もドライバーは気持ちよく振れていて、260ヤードくらいは飛んでいたんです。でもロレーナはおそらく300ヤードを超えていたと思います。しかも飛ばすだけでなく、狭いところに打っていけるからスコアメイクが簡単にできるんです。セカンドで持つクラブは私と3番手くらい違っていました。私が6番アイアンのところ、ロレーナは9番でグリーンを狙っていけるのですから有利です。

ロレーナ自身「今日はゴルフが簡単だった」と言っていましたが、まるで違うコースを回っているようでした。彼女はパー5では98パーセントの確率でバーディをとっている印象があります。パー5で「お先に」のバーディをとれるから流れが途切れない。パー4でバーディチャンスを決められなくても、パー5で確実にスコアを伸ばせるところが彼女の強みだと思います。

ロレーナが優勝争いをしていると、メキシコ人の応援がすごいんです。コース内の敷地によく家を建設していることがあるのですが、そこで建設業に携わっているメキシコ人たちは、彼女が目の前にやってくると、一斉に手を休めて塀の上に上り「ロレーナ！　ロレーナ！」と声援を送っています。

何とも微笑ましい光景。ファンにとっても彼女は親しみやすい、愛されるキャラクターなんだと思います。08年のクラフト・ナビスコ選手権で彼女が勝ったとき、親衛隊を含めた多くのメキシコ人が、ロレーナと一緒に18番脇の池に飛び込みました。優勝者が池に飛び込むのはこの大会の恒例なのですが、20人近い人が一緒に飛び込んだのは前代未聞なのだとか。

そんなロレーナもデビューして２、３年は勝てない時期がありました。05年の全米女子オープンでは、あと一歩のところで18番の池にティショットを２度打ち込み、自滅して優勝を逃しています。

また06年のクラフト・ナビスコ選手権では、初日に「62」のコースレコードをマークしながら、最後の最後でスーパーイーグルを奪ったカリー・ウェブに逆転されて敗れています。

プレーオフではずっと勝てなくて、06年までプレーオフの戦績は０勝５敗。そのころはよく「性格がやさし過ぎるから勝てない」とか「勝てないのは人間性が邪魔しているからでは？」と、囁かれたものです。

でも私は「それは違う」と思っていました。やさしいから勝てない、というのは絶対違う！　性格がいいからこそ、もっとできるんじゃないの？　と……。

私自身、平和主義で人が嫌がることは絶対にしたくないから、やさしくて純粋なロレーナには共感できる部分がとても多いのです。

だから彼女が06年、07年と賞金女王になって、圧倒的な強さを発揮し始めたときはすごくうれしかった。希望が持てると思いました。

07年は彼女が忙し過ぎて、一緒に食事に行く約束が果たせていないので、ぜひ今度約束を実現したいと思います。

ところでロレーナは私のことをなぜかいつも「アッイ」とアとイの間に小さい「ッ」を入れて呼びます。それがすごくかわいく聞こえるんです。

憧れから目標へ。アニカの存在

家族以外で自分のゴルフを変えるような影響を受けたのは、アニカ・ソレンスタムが初めてでした。

01年から05年まで5年連続米ツアーで賞金女王に輝いたアニカは私にとって憧れの存在。

もし一日誰かと入れ替われる魔法が使えたら、アニカになりたい、と思うくらい特別な人です。08年シーズン限りでの現役引退を表明しましたが、たとえツアーで会える機会がなくなったとしても、私が彼女のことを忘れることはありえません。

そんな彼女との最初の出会いは、私が国内でプロデビューした04年の秋、来日した彼女とエキジビションマッチで一緒に回ったときのことです。アニカのプレーを間近で見て、強烈なインパクトを受け、一生のうちでこの瞬間が一番幸せ、と思うほど興奮しました。

エキジビションに続き、ミズノ・クラシックの初日も一緒に回らせてもらいました。今度は日本開催のＬＰＧＡ戦という本気の舞台。アニカは私の目の前で９アンダー63をマークしました。スコアもすごかったのですが、それよりも驚いたのが、いかにアニカが楽しそうにゴルフをするか、ということ。

「ゴルフを楽しみたい」と言って、実際に楽しめてしまう。彼女のプレーを見ていると、ゴルフが簡単そうで、本当にすべてのホールでバーディがとれそうな雰囲気があったんです。感心すると同時に、やはり私とアニカとの一番の違いはメンタルだ、ということにも気付かされました。

アニカはすべてのショットに迷いがない。一旦、こう打つ、と決めたら、風が吹こうが邪魔が入ろうが、絶対に決めたことを貫き通します。

そのときもバックスウィングの途中でカメラのシャッター音が鳴る場面があったのですが、怒るどころかその状況を笑い飛ばせてしまうんです。しかも打ったショットが信じられないくらい飛んでいて、あの余裕は本当にすごかった。技術ももちろんですが、あのメンタルには感心させられました。

アニカと出会う前、ゾーンに入るには、周りの人を遮断してピリピリしたオーラを発しながらプレーすることだと思っていました。でもそのときのアニカの雰囲気はやわらかくて、一緒に回っている私と自然体で接しながらゾーンに入っていく。その様子を至近距離で見て、肌で感じられただけでも、すごく勉強になりました。

思わず私は「どうやったら50台で回ることができるんですか?」と聞いてしまいました。するとアニカは「自分に自信を持てば、50台で回ることも可能なのよ」と言ったのです。

そのころの私は19歳という年齢や、日本人的な謙遜する考えから、まだ自分のプレーに自信を持つなんておこがましい、と思っていました。でもアニカと出会って、自分の力を過信するのではなく、今持っているものに対して自信を持つことが、実力以上の結果を生み出すこと、そして100パーセント自分を信じることの大切さを教えられたのです。

そのおかげでミズノ・クラシックの最終日には、アニカと同じ9アンダー63を出すことができました。きっとアニカが発するいい波動が私にもプラスの作用をしたのだと思います。

アニカとはもうひとつ忘れられない思い出があります。05年の全英女子オープンの練習ラウンドを一緒に回ったときのこと。

彼女はその週、ゴルフの調子が悪かったようで、珍しくショットが曲がっていました。私が彼女に憧れていることはもちろんわかっていますから、普通なら少しは格好をつけたいものじゃないですか。でもアニカはどんなにショットを曲げてもどっしりと構え、実に冷静なプレーをしていました。

それを観ていた父は、「今週はアニカのように何があっても動じない、静かな心でプレーすることがテーマだ」と私に言いました。そのとおりのプレーを心がけた結果、最終日に5アンダー67をマークし前年予選落ちをして悔しい思いをしたその大会で、翌年の出場権を獲得する11位タイに入ることができたのです。

また米ツアー1年目のショップライトLPGAクラシックで最終日に2人だけの最終組を回ったときのことも忘れられません。優勝争いの緊張からなかなかスコアを伸ばせなかった私に、後続がバーディ攻勢で追いかけているのを知ったアニカが、「私たちも、もっとバーディをとっていかなきゃね！」と肩を叩いてくれたんです。

敵に塩を送るではありませんが、最終組で優勝争いしている相手にそんな声をかけられるなんて、その余裕には感心させられました。

アメリカでプレーするようになってから、アニカは私にとって単なる憧れではなく、偉大な目標になりました。特別な存在であることに変わりはないけれど、もう少し客観的に彼女のことを見られるようになって、第一人者ゆえに孤高であることにも気付きました。でも常に思うのは「こんなときアニカだったら、どんなことを考えるのだろう？」ということ。私の心の中で、それだけ存在が大きいということでしょう。

今、こうしてアニカやロレーナなど、昔からすごいなぁ、と思って見ていた人と一緒の舞台に立って仲よくさせてもらって、冗談を言い合っている現実に気付くとき、ふと何気ない瞬間に、不思議だなぁ、と思うことがあります。

ウェブ先生から学んだこと

私が高校生のころはカリー・ウェブの全盛期でした。出る試合、出る試合、すべてで勝ってしまうんではないか、と思うほど強くて、当時は兄や友達と「ウェブ先生、今日もすごかったよね」と彼女を先生づけで呼んでいました。

本物の「ウェブ先生」を実際に見たのは、アマチュアのときに出場したニチレイカップワールドレディス（現ワールドレディスチャンピオンシップサロンパスカップ）が最初。そのころの私にとって彼女はカレンダーの中の人でしたから、近くにいるだけですごくドキドキしたのを覚えています。

そんなウェブ先生と初めて優勝争いをしたのが05年、オーストラリアで行われたANZレディース・マスターズです。私がワールドカップでチーム優勝したすぐあとの試合。調子はとてもよかったのですが、まさかそれほど早く雲の上の人と最終組で対戦できると思っていなかったので、夢のような出来事でした。

私が単独首位に立ち4打リードで迎えた最終日。ウェブ先生の気迫はすごかった。バーディ、バーディ、イーグルの猛攻で、出だし3ホールで4打差を帳消しにされてしまったのですから。私は何しろウェブ先生と優勝争いをしている、という状況がうれしくて、勝負は二の次だったような気がします。

当時課題にしていた、精一杯楽しむことはできていました。でもウェブ先生のように「勝ちたい」という執念にも似た強い思いや、気迫は忘れてしまっていたのです。

3カ月後。ゴールデンウィークに来日したウェブ先生と再会した私は、オーストラリアでの優勝争いの反省から、「ゴルフは楽しんでやりたいけれど、でも勝負にもこだわりたい。そのどちらを優先したらいいのか悩んでいる。そのふたつは両立させることはできるのでしょうか？」と相談したんです。

ウェブ先生の答えは「そのふたつを両立させるのは、はっきり言ってとても難しい」というものでした。

狙ったところに思いどおりのショットを100パーセント打てる自信があっても、だからといって試合に勝てるわけではない。ショットがいいために、自分に期待し過ぎると、気持ちが空回りして勝てないことが多い。そうウェブ先生は言いました。

つまり勝とうという気持ちが強過ぎると、勝てないということ。勝負にこだわりを持ち過ぎるよりも、流れに任せてチャンスを待ち、好機が来たときにそれを逃さずにつかみ取る。自分から何かアクションを起こすより、自分を信じて待つことの方が大事だ、とウェブ先生は語ってくれたのです。

「これ、相当な企業秘密だから、今の話を聞いてアイが勝ったら、私のおかげよ」と茶目っ気たっぷりに笑ったウェブ先生の顔が忘れられません。

今思うとすごいな、と思うのですが、私の心配性な性格もウェブ先生はズバリと言い当てています。

「もしアイがこれからチャレンジしようとしているアメリカのことを少しでも心配しているのなら、そんな心配は無用だから今すぐやめた方がいいわ。大丈夫。アイはアメリカでも絶対にやっていける人だから。それは私が保証します。来年のことを思い煩うのではなく、今年、いえ、今週、そしてたった今のことだけを考えればいいの。まだ19歳なんだし、これから先時間はたっぷりある。20年もあるじゃない！」

このアドバイスは鋭いですね。心が先走って、余計な心配をする私の本性を見抜いている言葉です。でもそのときは今ほど心に響かなかった。今になって思うからなおさら、ウェブ先生のすごさを実感できるのです。

アメリカでもウェブ先生にはとてもよくしてもらっています。優勝争いに敗れて、悔し涙を流したとき、「記者の人たちに私が言って、帰ってもらいましょうか？　いいのよ、そんなに無理しなくても」と言ってハグしてくれたのも彼女でした。

キャディのミックと出会えたのも、ウェブ先生が相談にのってくれたから。こう考えるとつくづく私は周りの人に恵まれていると思います。

涙を乾かしてくれた選手たちの心遣い

06年の4月に行われたギン・クラブズ&リゾーツ・オープン（現ギン・オープン）で、私は米ツアーに参戦して初めて本格的な優勝争いをしています。

その試合の2週間前の武富士クラシックでシーズン初のベスト10入りをしていますが、そのときは無欲で臨んだ最終日に66をマークしてたまたま6位タイに滑り込んだだけで、優勝争いをした、という実感はまったくありませんでした。

でもギンは私にとって完全にガチガチの優勝争いでした。

初日、2日目と順調にスコアを伸ばして上位を賑わすと、3日目の17番の時点ではキム・ミヒョン（金美賢）と並んでトップタイ。ところが最終ホールで思わぬ落とし穴が待っていました。グリーン上でプロになって初の4パットを演じてしまったのです。

プロにとって3パットも致命傷なのに、4パット！　悔しいというより、顔から火が出るほど恥ずかしくて、まるでボクサーがKOを食らってダウンした感じでした。

その4パットで2位に後退。最終日は首位のミヒョンに3ストロークのビハインドからスタートしなければなりませんでした。

ところが4パットのショックはちょっとやそっとでは消えず、翌朝目を覚ましても、まだ気持ちは晴れていません。でもそんなイヤな気持ちを引きずったまま戦って勝てるほどアメリカは甘いところではありません。

「胸を張って、自分のプレーに誇りを持って！」と一生懸命に自分で自分に言い聞かせるのですが、ファイトは湧いてこず、序盤からボギーを叩いて最後まで波に乗ることなく、スコアを４つ落とし5位タイに終わりました。

日本では優勝争いをして崩れる、という経験がなかったので、本当に悔しかったです。勝負のかかったプレッシャーの中で、自分のゴルフがまったくできなかったことに無性に腹が立ちました。

ラウンド後、ロッカールームに閉じこもり、目を真っ赤に腫らして泣きました。止めどなく涙は溢れてきます。

ふと人影が近づいてきたと思うと、そこに立っていたのはポーラ・クリーマーでした。ミネラルウォーターの入っているボトルを差し出しながら、彼女はこう言ってくれたのです。

「大丈夫？　奥にひとりになれる個室があるから、そこに行ったら？」

心遣いが身に沁みました。

彼女も優勝争いに敗れて、悔しい思いをしたことがあるからこそ、私の気持ちを汲んで心配してくれたのです。悲しいのは私ひとりじゃない！

ポーラに案内された小部屋でひとしきり泣いたあと、気持ちを切り替えそろそろ帰ろうと思ったそのとき、トントン、とドアをノックする音が。

ウェブ先生でした。

「ハグしてもいい？」

ウェブ先生はそう言うと、温かいハグをしてくれたのです。

ようやく涙が収まったところだったのに、彼女のやさしさに触れて、再び涙がこみ上げてきました。

そのときの私といったら、顔では泣いているんだけれど、心には温かいものが広がって、とても複雑な表情をしていたと思います。

このころは日本から記者の方たちが大勢来てくれて、試合の日は毎日囲みのインタビューを受けていましたが、それを初めて断りました。記者の人たちに悪いことをしたと思いながら外に出ると、ロッカーの出口で待っていたのはミックでした。

キャディとしての仕事はとっくに終わっているのに、彼も心配して私を待っていてくれたのです。

「You are only twenty, OK?」

キミはまだ20歳なんだよ。これからいくらでもチャンスはあるじゃないか！　遅くまで待って、そう声をかけてくれたミックの思い遣りがうれしかった。私は本当に恵まれている、と思いました。

ギンでの経験を私は一生忘れません。

すぐそこにチャンスがあって、それを絶対につかみたい、と思った。勝てる試合だったけれど、勝ちたい気持ちが強過ぎて、自分を見失ってしまった。それがすべてです。でも見方を変えれば、私のタイミングではなかったということ。

それにしても優勝争いというのは心身ともにすり減るものです。

翌週は試合をお休みしてロサンゼルスの自宅で過ごしたのですが、1週間、何もやる気が起きず、ＤＶＤで映画ばかりを見ていました。

練習にもまったく身が入らず、抜け殻になったようでした。

ところがプロでもやはり1週間練習をサボると、そのツケがてきめんにプレーに表れるものなんです。

休んだあとの翌週ミケロブ・ウルトラ・オープンでは2日目に77を叩いて予選落ち。初日は練習不足を何とか気力でごまかしましたけど、2日間はもたずに化けの皮がはがれました。

そんな経験をひとつひとつ積み重ねながら、日々戦っているわけですが、私にとってギンでの敗戦の思い出は強烈です。

アメリカで戦い始めて、早い時期にそんな体験ができたこと。そして普段はライバルとして戦っている選手たちのやさしさに触れたことが、私にとっては大きな、大きな財産になりました。

韓国勢はいいお手本

前述したように、米ツアーで最初に優勝争いをしたときの相手が韓国出身のキム・ミヒョンでした。そして、06年に連覇を目指した日本女子オープンで優勝争いをして、とうとう最後まで追いつけなかったのが同じく韓国のジャン・ジョン（張晶）、通称ＪＪでした。

2人とも米ツアーでトップクラスの選手です。

韓国勢とは何かと縁がありますが、特にその2人とは身長がほとんど同じなので、親しみを感じるし、周囲から比較されることもよくあります。

ミヒョンはショートゲームのバラエティも素晴らしいのですが、何しろフェアウェイウッドの正確性は半端じゃありません。3番ウッドで何度グリーンを狙っても、半径2～3メートルの円の中に打てるくらい精度が高い。フェアウェイウッドでバーディを狙えるところはミヒョンならでは。

それにあのガッツ。1打に対する執念は見習わなければ、といつも思っています。あとはミヒョンもJJもパットがすごく上手いですね。

私と同じように2人とも飛ぶ方ではなく、ショートゲームでゴルフを組み立てていくタイプというのが共通しています。でもミヒョンはツアーですでに何勝も挙げているし、JJは全英女子オープンの優勝経験があるメジャーチャンピオン。

2人は私にとっていいお手本です。体が小さくても関係ない、頑張れば勝てるんだ、ということを身をもって証明してくれているのですから。私にもチャンスがある、と前向きに勇気を与えてくれる存在であることは確かです。

でも彼女たちのスタイルは彼女たちだけのもの。私が真似しようとしても、そっくり同じことはできません。彼女たちにできるんだから、私にもできる、といい意味でお手本にすることはできるけれど、「ああなりたい」という風には考えられません。

ゴルファーにはいろいろなタイプがあります。性格もプレースタイルも人それぞれ個性があります。

アーノルド・パーマーだって、ジャック・ニクラウスだって、タイガー・ウッズだって、誰ひとりとして同じ特性を持っている人はいません。皆違うけれど、それぞれがすごいのです。

以前、私は自分の武器が「切り替えが上手いところ」だと思っていました。日本にいたころは「メンタルが強い」と言われましたが、正直、それがどういう意味なのか、最近あまりよくわかりません。

たとえば打たれ強いのがメンタルが強いということなのか？　自分をコントロールできることが強いのか？　自分でいられることが強いということなのか？　どれがメンタルの強さに当てはまるのかわかりませんが、基本的にはプレッシャーがかかる中で勝てる、というのがメンタルの強さなのでしょうね。日本にいるときは確かに勝てていたわけですから。

アメリカにいる今、自分自身と向き合いながら、徐々に重圧に負けずに自分のプレーを貫けるメンタルを取り戻している最中です。

一方、技術面に関して考えると、やるべきことはたくさんあります。

その中でも特にパッティングの技術の向上は、飛距離という武器のない私にとって絶対に必要なもの。アメリカのグリーンはゴルフ場によって硬さも速さも微妙に違っています。その違いに惑わされ、ラインとボールが転がるスピードが合っていないことが、パットが週によって入ったり、入らなかったりする原因だと思います。

私のパットは日によってムラがあります。不慣れなグリーンに惑わされてストロークのスピードがその日によってマチマチだから、カップひとつ分切れると読んでいても、強く入って抜けてしまったり、弱く入って垂れてしまったり、その差が大きいのです。

パットではこのリズムがとても大切です。たとえばロレーナは決してパッティングのストロークは美しくありませんが、リズムは絶対に崩れません。テークバックを外に上げて、ダウンがインサイドから入るので、ヘッドが8の字を描くのですが、リズムは常に一定のテンポ、一定のスピードを守り続けている。だからストロークがオーソドックスな理論にマッチしていなくても入るんです。

ミヒョンのパットも同じです。いつも同じスピードで打てるテンポをキープしている。これができれば、彼女たちのパッティングに少しは近づけるかもしれません。

自分の気持ちを英語で伝える

英語は昔から好きな方でした。

初めてメジャーに出た04年の全英女子オープンのときは香取慎吾さんの『ベラベラブック』を持参して、こういうときは「a piece of cake!（楽勝）」って言えばいいんだな、と面白そうな熟語をピックアップして暗記したりしていました。

アメリカで戦うには英語は絶対に喋れなければダメだと思っていたので、結構一生懸命キャッチアップしたつもりですが、今でも緊張すると言葉に詰まることがあり、まだペラペラというわけにはいきません。

でもゴルフ用語は万国共通なので、最初からあまり苦労はしませんでした。それに調子がいいときは自分でもびっくりするほど英語がスラスラ出てくることもあります。ただ頭の中は未だに日本語回路のまま。日本語で考えて英語に訳して言葉にする、という場合が多いですね。

英語の勉強で一番有効なのは好きなことと絡めること。大好きなブラッド・ピットの出ている映画のＤＶＤを何度も見直してセリフを覚えたこともあります。

あとは洋楽が好きなので、家にいるときは音楽専門チャンネルのＭＴＶをつけっ放しにしています。しかも字幕付き。英語の歌詞がテロップで流れるので、ふむふむ、こんなことを言っているのか、こんな言い回しがあるのか、と納得しながら英語に親しんでいます。

身近なところではキャディのミックとの会話は、間違っても全然問題ないので、肩肘張らずに楽しむことができます。

あとは英語のできるアメリカの友達に1日1個、新しい単語やセンテンスを教えてもらったり、英字新聞を読んで訳してみたり、地道な努力は続けています。

アメリカでツアー仲間と初めて食事に行ったときは、辞書を片手にレストランに行って「So cute!（かわいい）」と言われたこともあります。

そんな日々の中で英語を学んでいるのですが、ではここで、私がアメリカでどんな生活をしているのか、典型的な1週間の生活をご紹介しましょう。

私が住んでいるのはロサンゼルスから40マイル（約65キロ）ほど南に下ったアーバインというところです。1年を通して気候に恵まれ、ビーチも近くて、夕暮れ時の景色はうっとりするほどきれいです。アーバインの自宅を拠点にして、３週間試合に出て1週間お休みするというのが基本のパターン。

アメリカでは4日間トーナメントが多いので、月曜日に試合会場のある場所に移動し、火曜日に練習ラウンドをして、水曜日がプロアマで、木曜日から日曜日までが試合です。移動に1日かかるので連戦中はほとんどお休みはありません。でも息抜きは必要なので、週の前半、試合会場の近くのショッピングモールに出かけるのを楽しみにしています。

買うのはほとんどが洋服やアクセサリーなどの小物。それもリーズナブルでかわいいものが好きですね。着ることもそうですが、買う瞬間のわくわく感がたまらないので、クローゼットの中身は増える一方。

着なくなった服が大量に溜まってしまったときは、段ボール何箱にも詰めて、寄付をします。でも全部私のサイズなので、残念ながら大人の方は着れないでしょうね。ぜひ子供さん用のチャリティに役立てていただきたい。

どうしてこんなにショッピングが好きなのだろう？　と考えたのですが、そういえば小さいころからおしゃれをするのは好きだったことを思い出しました。まだ3歳か4歳のころ、ラメのついた透明なサンダルがお気に入りで、ゴルフの練習に行くのも「このサンダルじゃなきゃ、イヤだ！」と強情を張ったのを覚えています。

自分より大きなクラブに振り回されながら球を打っていたころも、足もとを見るとサンダル。あれだけは譲れなかったなぁ。

母は今でも言います。「あなた、このサンダルじゃないと、練習行かなかったね」って。そういえば兄たちの昔の写真を見ると、ゴルフに行くときは必ず農協のマークのついた黄色いキャップを被っていたものです。普段はTシャツに短パンで、泥だらけになって野球に熱中して、休みの日にゴルフに行くときだけは、一張羅のパンタロンで決めていく。これは父の考えの中に「ゴルフは紳士のスポーツだ」というのがあったんだと思います。で、そのときの2人にとって黄色い農協の帽子は、無性にカッコよく見えたのでしょう。それも兄たちなりのこだわりだったと思います。

おしゃれをしてどこかに出かける。それは私にとって手頃なストレス解消法です。ただアメリカにいると、どうしてもおしゃれがアメリカ風というか、アメカジになってしまうので、パターンは決まってしまうのですが。

米ツアーの選手の中には、たとえばアニカのように、プロのシェフ顔負けの料理を作って友達をもてなすのが好き、という人もいれば、ウェブ先生のように海釣りが大好きな人、ローラ・デービーズのようにスポーツカーを乗り回す人など、いろいろな趣味を持っている人がいます。一流選手はオンとオフの切り替えが上手いし、普段からメリハリのある生活を送っています。私は彼女たちのように決まった趣味は持っていないけれど、最近はオフを充実させることの重要性を痛感しています。

アニカだってマイクと婚約してからすごく幸せそうです。私生活が充実しているから、一時期の不調から復活できたんだなぁ、とつくづく思います。婚約者のマイク・マクギーは誰に聞いても「いい人」ですから。愛する人がいれば、ちょっとやそっとじゃイライラしないでしょうし、気持ちが充実していれば、それだけコースでも集中することができるのだと思います。

前から私は少し真面目過ぎた部分があったので、これからはもっとオンとオフの切り替えを上手くして、オフは思いっ切り羽を伸ばせるようになりたいな、と思っています。

和食が好きになりました

日本にいたとき好きな食べ物は？　と聞かれると「イタリアン」と答えていました。もちろん仙台名物・牛タンは別格ですが。

でもアメリカに住むようになってから、味覚が変わり俄然和食党になりました。転戦中、ホテルの近くにおいしい日本食のレストランがあれば通いつめているし、テークアウトができるお店ではおにぎりを作ってもらい、翌朝の朝食に持ち帰ったりしています。

豆類は苦手な方で、あまり食べなかったのに、アメリカに来てから枝豆が大好物になったのには、「お前、グリーンピース、食べられなかったじゃないか？　なんでグリーンピースはダメで枝豆はオーケーなの？」と父に首を傾げられましたが、私の中で秘かな枝豆ブームは続いています。

そういえば昔、朝早く練習に出かけるときなど、母が油みそ（肉みそともいう）入りのおにぎりを作ってくれて食べたのを懐かしく思い出します。母の手作りは格別ですが、アメリカにいても、おにぎりを食べると「あぁ、やっぱり私は日本人なんだ」と改めて実感します。お米を口に入れた途端、元気になれる！　これはお米のマジックですね。

以前はアメリカへの憧れが強かった分、日本のことがあまり見えていなかったのですが、こうして離れてみると「日本人に生まれてよかった」と思えるようになりました。

米ツアー1年目はホームシックとは無縁でしたが、2年目、3年目と時が経つにつれ、無性に沖縄に帰りたい、あの独特の空気感に触れたい、と思う瞬間があります。

台風が通り過ぎたあと、潮に晒された網戸や窓を拭き掃除しながら、父が、通りかかった近所の人と「お前のうちはどうだった？」「うちは酷い有様だよ」「大変だね、お互い」「頑張って片付けちゃおうね」と会話を交わし合う何気ない日常の風景がしみじみ思い返されて、いいなぁ、あそこに帰りたいなぁ、とふと思ったり、大好きな沖縄ソバの味がすごく恋しくなったりもします。

日本にいたときには見えなかったこと、見過ごしてきたことが、離れてみて鮮明になる瞬間がたくさんあります。アメリカに来て視野が広がり、以前より日本が好きになれたのは米ツアー挑戦に付いてきた思いがけない副産物です。

ロスの家にいるときは、たまに気分転換にと自分で料理をすることもあります。豚肉とニラの卵とじはメチャクチャ簡単にできて美味しいので、得意レシピのひとつ。アメリカの野菜は日本のものよりひと回りもふた回りも大きいので、たとえばアスパラひとつ茹でるのも時間調整が必要です。困ったときは母頼み。メールで質問するとすぐに返してくれるのはとてもありがたいですね。

母といえば、私がつけているピアスはほとんどが母の手作りなんです。アメリカでプレーするようになってから、「側にいてあげられないので、せめてピアスでも」と仕事の合間、夜なべをしてコツコツと作り、ウェアの色に合わせたさまざまな種類を届けてくれています。もうかなりの数になりますが、ウェアにコーディネートしてピアスを選ぶたび、母の愛情をひしひしと感じます。

父親に対して反抗期はなかったのですが、同性だけに母に対して厳しい見方をしていた時期もありました。でも離れてみて私にとって両親は何よりの宝物だと思えるようになりました。少しずつ大人になっている、いや確実に年を取っている証拠かもしれません。

第4章　今振り返る日本での騒動

アマチュアで優勝。実はゴルフの調子は最悪だった

今度は少し昔に戻って、日本ツアーで戦っていたころのお話をしましょう。18歳でプロデビューしたときから、大袈裟に言うと「激動の日々」を過ごしてきた印象があります。

いったいあのころの私は何を考えていたのでしょう？　いくつかの場面を振り返ってみたいと思います。

03年9月28日。ミヤギテレビ杯ダンロップ女子オープンで、私はアマチュアプレーヤーとして30年ぶりとなるプロの試合での優勝を果たしました。

その9日後に母校の東北高校でプロ宣言をし、現役高校生プロゴルファーになったのはご存じのとおりです。

同じ週に男子ツアーのアコムインターナショナルでは次兄の優作が優勝争いを演じていたのですが、終盤連続ボギーを叩いて優勝できず、無欲だった私の方が勝ってしまい、電話で「やってしまったねぇ！　お前がバーディとったとき、オレはボギーだったよ」と言われたのを覚えています。もちろん冗談めかしてです。

兄たちは「運を全部藍に持っていかれた」と口では嘆きながら、私の優勝を自分のことのように喜んでくれました。

でも実はその週、ゴルフの調子は最悪だったんです。

ショットはバラバラ。こんなに調子が悪いのは、いったいいつ以来だろう？　と考え込んでしまったほど。最終日の朝、練習場で球を打っているときも、ショットがブレてまったく真っ直ぐいかず、「まぁ、これ以上悪くなることはないだろう」と開き直って、ティグラウンドに立ちました。

本番が始まってもショットは安定しません。案の定1番はボギー発進。狙ったところに打てないもどかしさにイライラは募り、苦しくて、苦しくて仕方がなかった。

残り3ホールの時点で2バーディ、2ボギーのイーブンパーとスコアを伸ばせなかったので、もう誰かに追い抜かれているだろう、と思い見上げた16番脇のリーダーボード。私の名前が山口裕子さん、片山真里さんの2人とトップに並んでいるのを見て、急に優勝の二文字がちらつきました。

それまではゴルフの調子が悪いことに気を取られて優勝を考える余裕すらなかったので

すが、ボードを見て一気に緊張がピークに達しました。

勝負は最終18番パー5、というのはわかっていました。

「そこまでは何としても凌ごう」と必死です。

ようやくたどり着いたフィニッシングホール、重圧に耐えて放ったティショットは、自分でもびっくりするほど、会心の当たりが飛び出しました。何とフェアウェイど真ん中の絶好のポジション。こうなったら2オンを狙うしかありません。

ところがグリーンが空くまで待つ時間の長かったこと……。何をしたらいいやら、手持ち無沙汰で、待っている数分が永遠に感じられました。

本当はそこで体を冷やさないようウォーミングアップをしておくべきだったのだと思います。

でも緊張しているから、そこまで頭が回りません。力んでいるのは本人が一番よくわかっているのですが、力を抜こうとしても、自分の意志ではどうにもならないのです。

結局グリーンを直接狙った第2打はトップして地を這うようなゴロ。完全なミスショットです。2オンのつもりが、グリーン手前30ヤード地点までしか届きませんでした。でもそこで動揺しなかったのは、調子が悪かったせい。

もし調子がよかったら、ミスショットに驚いて切り替えがきかなかったでしょう。でもその週はずっと当たりが悪かったので、曲がって当たり前、飛ばなくて当たり前、と割り切れたことが、逆によかったのだと思います。

それに30ヤードは、昔から父が私たち兄妹に、基本中の基本として教え込んできた距離でしたから、「普通に打てば寄るだろう」という自信がありました。

再び緊張の一瞬。放った第３打のアプローチはピン横２メートルへ。

バーディチャンスです。

そのとき私の頭を過ったのは「プレーオフになったら負ける」という思い。だから私は体を震わせながら、カップを外さないよう真っ直ぐ強めにパットを打ちました。

ボールがカップに吸い込まれた瞬間、私が感じたのは「運命」の二文字。

アマチュア優勝にこだわり続けていた優作は、そのこだわりの強さゆえ勝てなかった。でもこだわりのない私の方が勝ってしまった。無欲な分、プレッシャーを感じなかったことが勝因でした。

この優勝のあと、プロ宣言した私に父が贈ってくれた手紙は今でも私の宝物です。

藍は今、爽やかな風を受け、大海に漕ぎ出す小さな帆掛け舟のようなもの。
藍の航海に皆が期待をしているだろう。
しかし無理はするな。
プロになったからといって、自分を見失うな。
プロになった今だからこそ、格好をつけず、見栄を張らず、
アマチュアのときのような挑戦者の気持ちで挑みなさい。
そして何かあったら、いつでも沖縄に帰って来なさい。
ここには「なんくるないさ（なんとかなるさ）」が生きている——。

俯瞰で見ていたあの騒動

石川遼くんがアマチュアでプロの試合に優勝しプロ転向しました。
状況が似ているので感想を聞かれることも多いのですが、私のとき以上の盛り上がりを

見せているので、本人はさぞ大変なことでしょう。

もみくちゃにされて、追いかけられて、でもどんなときも笑顔を絶やさず、大人の対応をする遼くんには感心させられることばかり。記者会見の受け答えを聞いていても頭のよさが表れているし、しっかりしていて流されず、確固たる自分があるところが素晴らしいと思います。

特に07年の終わり、テレビを見ていた私は記者会見に登場した遼くんの言葉に釘付けになりました。

「今年1年、メディアの方々に記者会見の場を設けてもらったことで、自分のゴルフを客観的に振り返ることができて、いい勉強になりました。1年間どうもありがとうございました」

遼くんはそう言ったのです。びっくりしました。年下ながら、尊敬してしまいました。

私があの年齢のとき、そんな風に考える余裕はありませんでした。あの状況に置かれたら、天狗になってもおかしくないのに、人に感謝できるなんて……。本当に謙虚で爽やかで、イヤなニュースが多いこの時代、遼くんには、何だか私まで元気をもらったような気がします。

ところで振り返ってミヤギテレビ杯に勝った直後のことを思い出すと、果たして本当に自分がその渦中にいたんだろうか？　と不思議になります。

プロの試合に勝ったことは事実なのですが、それがすごいとはまったく思っていなかったし、ちょうど高校卒業後の進路に悩んでいる時期だったので、急に「プロ」が現実のものになって、逆に拍子抜けしたような気がしていました。

もちろんプロゴルファーになるのが小さいころからの夢でしたから、心の底からうれしかったのは間違いありません。これで毎週試合に出られると思うとワクワクしました。

でもフィーバーに巻き込まれて、テレビの仕事を受けて、周りからすごいね、と言われても、今ひとつ現実味がない。まるでピンときていなかったのです。

サインを下さい、と言われても、「本当に私のでいいのかな？」と首を傾げていました。

あのころたくさんの有名人に会わせていただく機会がありましたけれど、夢だったのでは？　と思うくらい。

ミヤギテレビ杯に勝った翌日、日本女子オープンに出場するため、高校の後輩で現在はプロとして活躍している原江里菜と2人、電車で仙台から千葉に移動したときのこと。電車の中で前の席に座った人が、私が一面に載っているスポーツ新聞を広げて読んでいた光景が鮮やかに甦ります。

「まさか、あそこに写っている人が、目の前にいるとは思わないだろうね！」と江里菜と笑い合ったものです。

アマチュアで勝ってしばらくは「せっかく女子プロに注目が集まり始めたのだから、人気の火種を消してはいけない」という父の方針で、来る仕事は取材でもテレビ出演でも、何でも断わらずに受けていたので、慣れない生活にさすがにストレスが溜まりました。

「せっかくこれでゴルフが思う存分できると思ったのに、何で、ほかの仕事をしなくちゃいけないの？」と不満に思ったこともありました。

でもほかの仕事が忙しかったからこそ、本業のゴルフに夢中になれた。溜め込んだストレスをすべてゴルフで発散していました。

プロになってからも最初のうちはマネージャーさんがいなかったので、大きな荷物を抱え、遠征先へはひとりで移動していました。テレビ局や取材先に出かけるのも、もちろん電車。空港や駅で騒がれるのが、だんだん苦痛になり、帽子を被って変装しないと外を歩けなくなったのは辛かったです。

性格的に人にどう思われるかがすごく気になる方なので、急に注目が集まって、居心地が悪かったのだと思います。

まだ高校生だった私は、自分はまったく変わっていないのに、どんどん変わる周囲の状況や人に、戸惑いました。練習する時間も思うように取れず、ふと気付くと円形脱毛症ができていました。10円玉くらいの小さなものですが、これにはびっくり。

でもそれを家族に話したときの反応はさすがでした。

母は「あら、あなたは髪の量が多いからちょうどいいじゃない」という意表をつく反応。父には「そんなの俺のせいじゃないよ」と得意のおとぼけでかわされ、長男の聖志《きよし》は「マジックで塗ってやるから、そのまま空けとけ」と言われました。

あまりにも能天気な言葉の数々に、悩んでいる自分がバカらしくなって思わず苦笑い。いつの間にか治りましたが、ストレスって恐いですね。でもあのころが懐かしい！

開幕戦での優勝がゴルフ人生の流れを決めた

03年の10月にプロ宣言し、その年はツアー終盤の3試合にプロとして出場していますが、実質のプロデビューは04年です。

その年、沖縄で行われた大事な開幕戦ダイキンオーキッドレディスで、私はプロ初優勝を飾りました。

ダイキンは私にとって特別な試合です。地元というのはもちろんですが、14歳のとき初めてプロの試合に出させていただいたのが、この大会だったからです。

華やかなプロの世界を垣間みて、「こういう舞台で戦いたい」とプロの世界に対する憧れを一層募らせたその場所で、プロになってすぐに勝つことができた。

優作がキャディとしてバッグを担いでくれ、家族や親戚が見守る中、地元のギャラリーの前でトロフィーを抱いたとき、父から「この優勝は目先の流れだけじゃなく、お前のゴルフ人生そのものを変えたよ」と言われました。

04年の目標は「まず1勝」。そのノルマを初戦で達成したとき、私は、あぁ、これは神様が「ゴルフの幅を広げなさい」と言っているんだな、と感じました。

もしあのとき勝っていなかったら流れはまったく違っていたでしょう。年間5勝もできなかったでしょうし、アメリカへの挑戦だって、あと数年遅れていたかもしれません。あそこで優勝し、シードに目処が立ったからこそ、「この流れでいけば、アメリカツアーのテストも受けられるだろう」と、すんなりアマチュア時代からの夢だった米ツアーに挑戦する意志を固めることができたのです。

偶然ですがウィニングパットは、ミヤギテレビ杯のときと同じ2メートルの真っ直ぐのライン。手足が震えた5カ月前とは違い、ダイキンでは冷静に2メートルを沈めることができました。

最終日の翌日に行われる聖志の結婚式に華を添えたい、という思いはキャディの優作と私の間で暗黙の了解でした。

でも勝ったことで私の方が注目を集めてしまい、結婚式で聖志は「またお前にいいところを持っていかれた」と愚痴っていましたけれど。

ただいつもそうなのですが、勝ってもうれしいのはその瞬間だけ。感激は一瞬のうちにスーッとさめて、まったく普通の日常生活に戻るというパターンはそれからずっと変わりませんでした。

ワールドカップで優勝したときも、すぐに帰国せずにオーストラリアの試合に参戦したということもありますが、「日本では大変な騒ぎになっているよ」と言われても実感がなく、まるで他人事だったのを覚えています。

プロとしての滑り出しがあまりにも順調で、どこかに落とし穴があるんじゃないかと心配になったことはあっても、それ以上に試合で感じる心地よい緊張感が好きで、練習が好きで、やればやるほど結果がついてくる状況がとても楽しかったのです。

でも、ときにはパットをいくら打ってもカップに跳ね返されて入らず、10打以上叩く夢を見たりしていましたから、知らず知らずのうちに神経は張りつめていたんだと思いますが……。

それはさておきプロになってからは試合に出るたびに発見の連続でした。

「プロの人はどっしりしているなぁ。何があっても動じないんだなぁ」と思ったり、強い不動裕理さんが人一倍練習していることに感心したり。

私にできることは、不動さんよりも1球でも多く球を打ち、1分でも長く練習することでした。

でもいくら練習しても結果が出なければ、やはり腐っていたと思います。腐らずに私を前向きにさせ、夢に向かってギアを切り替えさせてくれたのが、ダイキンでの1勝だったのです。

喧噪からの逃げ場がゴルフだった

小さいころはクラスの仕切り屋で「シキラー」と呼ばれたこともある私。本質的には目立ちたがり屋なのですが、プロになってマスコミに囲まれ、終始、大勢の人々の視線に晒されているうちに、目立つことが精神的な負担になった時期があります。

突如周りの環境が変わり、コースでは試合中でもお構いなしに携帯で撮影され、イチイチ小さなことが気になって、徐々にストレスが溜まっていったのです。

街や空港、駅などで気付かれると、たちまち人垣ができてしまうので、外出するときは帽子とサングラスは欠かせませんでした。

「サングラスをかけてプレーをするなんて、何様だと思っているんだ?」と抗議の電話を受けたこともありますし、またあるときは「試合に出たら危害を加える」という内容の脅迫状が届いたこともあります。

父を脅した人もいました。幸いそのときは警察が犯人を逮捕し大事には至りませんでしたが、脅迫状の主は未だにわかっていません。

気にしていないつもりでしたが、精神的にいいわけがありません。

そのことに気付かされたのが、04年の全英女子オープンで初めてメジャーに出場したときのことです。イギリスに行けば、私はただのティーンエージャー。他人の視線を気にすることなく、堂々と道を歩けるし、帽子やサングラスで変装する必要はありません。

伸び伸びと、ごく普通の日常生活を送れる環境に置かれてみて初めて、自分がいかに日本でストレスを溜めていたのかを痛感しました。

外国の試合会場に自分の居場所はまだなく、孤独を感じていたはずなのに、さまざまな制約を受けて暮らす日本での生活より、イギリスにいた方がずっと楽しい、そう思ったものです。

予選落ちして帰国するとき「日本に帰りたくない」と心の底から思いました。

そんな私にとってストレスのはけ口は、やはりゴルフでした。ゴルフさえしていれば、さまざまな雑事に煩わされることもなく、そのことだけに集中できました。コースで実力以上の力を発揮できたのは、そんな背景があったからかもしれません。

当時のことで印象に残っている出来事があります。

どこかの試合から沖縄に戻ってきたとき、空港で大勢の人に囲まれて握手攻めにあったときのこと。

ファンの存在がどんなにありがたいか、頭ではわかっているはずなのですが、試合で疲れ、人混みに苛立ちを感じた私は、どうしても笑顔で応対することはできませんでした。鏡で見たらきっと酷く無愛想な顔をしていたと思います。

たまたま一緒に父がおり、空港を出て車に乗り込んで実家に向け車を発進させたときのことです。

雷が落ちました。

「今の態度は何だ！　もし私が藍のファンで、握手を求めたとして、お前があんな嫌そうな顔で対応したら、いっぺんでファンをやめるどころか、どこかに投稿しているぞ」

ハッとしました。

ファンにとって私と偶然に出会うのは、一生に一度あるかないか。そこで私が酷い応対をしたら、その印象は一生消えないでしょう。その事実に思い当たり私は愕然としました。奢りがあったわけではないのです。でも空港という公の場で、人として然るべき対応ができなかったことを恥ずかしいと感じました。

マスコミとの軋轢

私がプロ転向する前、ゴルフのニュースがスポーツ紙の一面を飾るということはほとんどありませんでした。

ジャンボ尾崎さんが全盛期の時代は違ったと思いますが、当時ゴルフ担当になったばかりというある記者さんが、「これで一面を書くことはもうないだろうな、と思った」と言ったのを聞いたことがあります。

ところが私がアマチュアでプロの試合に優勝したころから状況は変化しました。ほかにも若手が活躍するようになり、北田瑠衣さんと私がワールドカップで優勝したことも手伝って、ゴルフを新聞の一面で取り上げていただけるようになりました。

もちろんそれはうれしいことです。私たちプロゴルファーはメディアを通してファンの方々とつながることができるのですから。

でもあのころの私は幼くて、そこまで考えられませんでした。

記者の方々も、ただ私の言ったことをそのまま載せるのでは読者の興味を惹けないと思ったのでしょう。内容が誇張され、センセーショナルに報道されることもしばしばで、違和感がぬぐえませんでした。

特に見出しは、「藍、優勝宣言!」「テングになった藍」などなど、本人が「???」と思ってしまうものばかり。

紙面を見て「え〜? 私、こんなこと言っていないのに!」と反発したことも正直、1度や2度ではありませんでした。

まだ子供だった割には、自分にすごく自信があって、少しでも事実と違うと、それが表現の誤差の範囲であっても受け入れることができなかったのです。

アメリカに渡ってからも、大勢の記者の方に取材に来ていただいて、ありがたいとは思うのですが、毎日同じような質問を繰り返し受けていると、無意識に表情が強ばってしまっていました。

「宮里藍はマスコミと上手くいっていない」と、指摘された時期があったのもそのせいです。

当時は自分が考えていることを、どの程度踏み込んで話していいのか、私はわかっていませんでした。本当は悔しいと思っているけれど、ここでは悔しいという言葉を使わない方がいいなとか、自分である一線を引いてブレーキをかけていたのです。

その裏には「本当のことを言ってしまったら、自分が悪く言われるのではないか？　悪く書かれるんじゃないか？」という気持ちが働いていたのかもしれません。自分が人からどう思われるかを気にするタイプだということに気付いたのはつい最近なので、当時は無意識だったと思います。

人の評判が気になるから、自分で壁を作って、人を寄せ付けないようにしていたのでしょう。

でもスランプになって、それでも記者の方々が応援してくれて、心遣いを肌で感じて、自分の考え方が間違っていた、と素直に認められるようになりました。それは間違いを認める心のゆとりができた、ということかもしれません。

今ではバリアを張らずに、記者の方、ひとりひとりと対話することができるようになりました。ちゃんと自分を曝け出して、それで人がどう思おうと、私には関係ない、と思えるようになったのは成長した部分だと思います。

私が言っていることをメディアを通して見て、聞いて、「そうか、彼女は今、こんなことを考えているのか」と思う人もいるでしょうし、「まだこんなこと言ってるのかよ」とマイナスのイメージでとる人もいるでしょう。

でもどんなに頑張っても人の心をコントロールすることはできません。正直に話して、それで私を嫌いな人はそれで仕方ない。そう割り切れるようになりました。

でも心が弱っているときは、マイナスなことは目にしたくありません。スランプのときに否定的な文章を見てしまうと、それこそダブルショックです。世の中、私のことを皆が嫌っているんだ、そういう人しかいないんだ、と落ち込んでしまいます。その点、結構打たれ弱いのかもしれません。

新聞や雑誌に書かれたことや、ブログのコメントに私が一喜一憂するように、私が言ったり、書いたりすることで影響を受ける人がいると思うと、「気をつけなければならないな」と背筋が伸びる思いです。

私たちは真空、無菌状態の中で生きているわけではないので、これもまた人生勉強ですね。

誰にも話さなかった日本女子オープンでの救急車

日本にいたころはなぜかよくお腹が痛くなっていました。今思えばそれなりにプレッシャーがあったんだと思います。

でも試合で戦っているときは自信があって、プレッシャーを感じるどころではなかった気がします。

06年の秋口に帰国して国内で7試合に出場したときも、２試合目のミヤギテレビ杯で腹痛を起こし病院に運ばれて点滴を受けながら戦っています。

金曜日に沖縄から応援に駆けつけてくれた母に「ホテルではなく病院に来て」と言って

驚かれたものです。

どうやら緊張すると腸が痛むらしいのですが、ラウンド中も激痛を我慢していました。でもあのときはもしかしたら食べ過ぎが原因だったかも？　と反省しています。久々に仙台に戻り牛タンをお腹いっぱい食べた上に、お寿司までいっちゃってますから。

ところでお腹が痛くなったときのことで、一番印象に残っているのは05年に神奈川県の戸塚CCで行われた日本女子オープンに勝ったときのこと。

ちょうど米ツアーのQスクール地区予選から帰ってきたばかりで、心身ともに疲れがピークに達していたときです。

その年の目標はとにかく「Qスクール合格」だったので、まずは第一関門をクリアした安堵感で、少しでも気を抜くとガラガラと崩れてしまいそうな、そんなギリギリの状態で迎えたのが、日本女子オープンだったのです。

それまでアマチュア時代の優勝を含めると国内で通算9勝を挙げていたのですが、まだメジャーの勝星はありませんでした。日本女子オープンはナショナルオープンですし、最高峰の大会。アマチュア時代に1回ローアマ（01年）を獲ったことはありますが、前年

（04年）は腰痛を発症して予選落ちに終わっていただけに、どうしても獲りたいタイトルでした。

ところがアメリカから帰ってきたばかりだったので、夜8時には眠くなって、朝5時前に目が覚める状態。キャディの小田美奈さんに「その笑顔がすでに疲れているよ」と指摘されました。

初日はスタートから連続ボギー。でもいいところでパットが入ってくれて想定外の首位と好スタートを切ることができました。

そして2日目の明け方です。急にお腹が痛くなって、眠ることも息をすることさえも苦しくなったのは。それが激痛に変わるまで、時間はかかりませんでした。

緊急事態。

我慢の限界を超えたため、救急車を呼んでもらって、そのまま病院に急行しました。幸い救急車の中で次第に痛みが収まってきて、病院に着いたときには落ち着いた状態だったのですが、症状が症状だったので、お医者さんには「点滴をしましょう。安静にしていて下さい」と言われました。

「でもスタートが7時半なんです」と私。さすがに呆れた顔をされましたが、血液検査だけして、結果、何かあったら連絡をします、と言っていただき病院をあとにしました。マスコミにも友人にも、救急車で病院に運ばれたことは話しませんでした。さすがにキャディの美奈さんには打ち明けましたが。

でも体的には辛かったけれど、あのときは本当によくパットが入ってくれて。3メートル前後の距離は「構えただけで入る感じがする」と美奈さんが言ってくれたほどです。決勝ラウンドは風が強く厳しい戦いでした。最終日の朝は緊張して朝食は半分しか喉を通りませんでした。

思えばあのときは自分の調子とリーダーボードを照らし合わせながら、「今日の目標はイーブンパーにしよう」「2桁アンダーまで伸ばしてみよう」と、その都度目標設定を明確にしていたような気がします。

最終日はイーブンパーが目標でしたが、最終18番、ピン奥8メートルのバーディパットを沈められずに1オーバーにしてしまいました。勝ったことはうれしかったけれど、8メートルを外したときは、顔をしかめるほど悔しかったです。

でも体調不良や救急車騒動、それにQスクールで使い果たした精神力とモチベーションを上げ直して勝てたことは、私にとって大きな自信になりました。

日本で勝てていた理由とは？

日本で戦っていたころはピンだけを見ていました。

ピンを狙って、とにかく攻めても、手痛いケガをした、という経験がありません。

ピンさえ見ていればいい。

アプローチも難しいことは考えず、ただクラブを上げて下ろして、大雑把に60ヤード、だいたい80ヤードを打っていれば、バーディチャンスにつけることができていました。

グリーンも思ったところに強めに打っていけば、長い距離がポコンと入ってくれて、勢いに乗ることができました。

でもアメリカではそれが通用しません。ピンだけを見ていたら、たった1ヤードの差でパーはもとより、ボギーさえ危ういという状況に陥ってしまいます。

アメリカで戦い始めて1年半くらいまでは、ピンが左にあって、そのすぐ横がガケ、というような状況で、安全にグリーンの真ん中に打っていけばいいものを、つい左のピンをデッドに狙ってケガをする、ということが何度もありました。

そしていいにつけ悪いにつけ、さまざまな経験を積むうち、1打に対して考えることが多くなっていったのです。

「あそこに打ってはいけない。ここに乗せなければいけない」と余計な心配が増えました。さかのぼって米ツアーデビューの年は、スウィングのメカニックのことばかり考えて、ターゲットに気持ちを集中する、ということができていなかったような気がします。

アニカはいつも「メイク・シンプル」という表現を使います。

考えることは山ほどあるけれど、一旦アドレスに入ってしまったら、左脳的な思考回路を一旦止め、意識をターゲットに集中させる。そこからはただターゲットに体を反応させるだけ。そういうクリエイティブな右脳のゴルフをしているからアニカはあれだけ強いのです。

もしかすると私も、日本では無意識のうちに「ピンだけに意識を集中する」右脳のゴルフができていたのかもしれません。余計なことを考えなくてもいいくらい、負のイメージが頭の中になかったからです。

でもアニカと当時の私との違いは、アニカがすべてをわかって物事をシンプルにしているのに対し、私は何もわからず、結果としてそうなっていただけということです。

アマチュア時代から、まったく自分では期待していなかったのに「出れば勝ってしまった」という状況が続いた私は、恐いもの知らずでした。日々新しいことを吸収しながら、ピンだけを見ていればよかった。

思えばアプローチなど、日本で戦っていたころは３パターンくらいしかなかったと思います。でもアメリカでは30ヤードのアプローチでも、高く球を上げるロブショットを使わなければならない場合もあれば、転がしが必要な場合、クラブの歯で打たなければならない場合など、ありとあらゆるバリエーションが必要とされます。

以前、アメリカで子供向けのレッスン会に参加したときのこと。デモンストレーションでロブショットを披露したのですが、そのときの子供たちの反応がシビアだったことといったら……！

私のロブを見て「?・?・?」と怪訝な表情を浮かべたと思ったら、「それはロブじゃない！」と首を振ったのです。

　物心ついたころから芝の上で球を打っている彼らにしてみたら、フィル・ミケルソンが打つような芸術的なのがロブショット。ボールの下にクラブフェースを上手にくぐらせて、天高く舞い上がった球をピンの根元にピタッと止めるのがプロのロブショットのイメージなのでしょう。ちょっと球を上げたくらいの私のロブはロブじゃない、というわけです。

　思わず苦笑いしました。そのあとロブショットの練習に打ち込んだのは、言うまでもありません。

第5章　夢の原点。そして未来

夢の原点は中1のとき出場した世界ジュニア

「いつかアメリカでプレーしたい」そんな憧れにも似た思いが芽生えたのは中学1年で出場した世界ジュニア選手権がきっかけでした。

その年、私は全国中学ゴルフ選手権への出場権を賭けた沖縄予選で敗退し全国どころか九州大会進出も逃しています。

全国大会は兄たちが活躍していたこともあり、当時の私にとって年間を通しての最大の目標。その大会に出場するために頑張ってきたのに、九州大会の手前の沖縄大会で2打足らずに予選を落ちてしまうなんて、大袈裟に言うなら「生涯初の挫折」のようなものでした。

いつまでも立ち直れず塞ぎ込む私を黙って見ていた父が、ある日思いもかけないことを言い出したのです。

「日本がダメならアメリカがあるさ。アメリカに行ってみるか？」

耳を疑いました。でもその次に私の心は「行きたい！　行ってみたい！」と大きな声で叫んでいたのです。夢を大きく左右する最大のチャンス。言葉の不安や、肝心のゴルフは果たして通じるのだろうか？　という心配はありましたが、テレビでしか見たことのないアメリカで、実際自分がプレーする場面を想像すると眠れないほどわくわくしました。

アメリカに着いた途端、予約していたホテルと同じ名前のホテルがいくつもあって、どこに行けばいいのかわからず困ったり、英語ができない父とのふたり旅は実際は大変なものでした。でも言葉が通じないながらも、一生懸命思いを伝えようと頑張っている父の姿に少なからず感動したのを覚えています。

初めてアメリカの試合に出て何より驚いたのが、選手が青々とした芝生の上から練習していることでした。練習場のマットの上からしか球を打ったことがなかった私は、芝から打つのが当たり前と聞いて驚きました。プレーフィーも２０００円足らず。あぁ、日本と何て環境が違うのだろう、と思ったものです。

パッティンググリーンでは自分の背丈よりも長いパターを持った小さな子供が、いとも簡単に難しいラインを沈める光景に息をのみました。下り傾斜のラインをカップ手前で止めるのはすごく難しいのですが、そんなこともあっさりとやってみせる。父に促され、私も同じことにチャレンジしたのですが、何度やっても傾斜で止め切れずカップをオーバーさせてしまうというのに、その子ときたら何度やっても絶妙なタッチできっちりカップの手前に止めてみせるのです。

その調子で難しいラインをカップインさせたときは、「どうだ！」とばかりこちらを見て、得意気な顔をするので思わずこちらも笑ってしまいました。でもふと、こういう子に追いつくには、いったいどうすればいいのだろう？　と真顔になったものです。

そんな中、初めてのアメリカで緊張に押しつぶされそうだった私を救ったのが、初日のラウンド後に声をかけてくれたスコアラーの女性の「ナイスプレー。グッドラック！」という言葉でした。彼女はきっと軽い気持ちで言ってくれたのだと思います。でも私にとっては値千金。不安が吹き飛ぶくらい大きな勇気をもらいました。

人の温かさに後押しされて出した結果は5位入賞。日本で九州大会にすら行けなかった自分が世界で5位に入ったのです。5位まで表彰されることを知らずに、表彰式に出なかった私のために、関係者の方が特別にトロフィーの授与式を行ってくれた心遣いにも感動しました。

言葉も通じず、食事もあまり喉を通らず、無口になり、カルチャーショックで、1週間に４キロも体重が減ってしまいましたが、それでも世界ジュニアで戦い抜いたという経験が、私に「いつかここでゴルフがしたい。アメリカで戦いたい」という思いを強くさせたのです。

そして翌年全国中学ゴルフ選手権で優勝。その直後に書いた作文には「夢はプロゴルファー。それもいつか、世界の舞台で活躍できる一流のプレーヤーになりたい」という一節があります。

もしあのとき「日本がダメならアメリカがあるさ」と父が言ってくれなかったら、今の私はいなかったかもしれません。

なぜアメリカだったのか

沖縄北東部の人口２０００人ほどの小さな村、東村で生まれ育った私ですが、不思議と都会に対するコンプレックスを抱いたことはありません。

真っ白い砂浜と初夏には山つつじが丘を赤く染める素朴な土地柄だけれど、小さいころから自分の住んでいる場所が田舎だという意識はなく、常に「この場所は世界とつながっている」という感覚があったような気がします。

漠然とした憧れが、アメリカの世界ジュニアを経験したことで「夢」に変わり、いつかはプロになってアメリカで活躍したい、という思いは大きく膨らみました。でも実際にはどうしたらそんな筋道をつけられるかはわかりません。

中学時代に地元沖縄で行われたダイキンオーキッドレディスで初めてプロの試合に出させてもらったことが、夢の第一歩にはなっていますが、ひとりのジュニアがおいそれとアメリカへ行けるわけではありません。

それでも兄の住んでいた仙台の東北高校に進学し、ナショナルチームで海外試合を経験させてもらううちに、海外志向は募るばかりでした。正直、高校3年で真剣に進路を考えなければならなくなったときは悩みました。

当時、アマチュアのレベルは高校生の方が高く、大学へ行っても自分が求めているような競技レベルは期待できませんでした。大学に行かないのなら、プロになるか？　と言われると、これもまた自信がない。プロの試合には何度も出させていただいて、優勝争いもさせてもらっているのですが、はっきり言ってその中でどのくらい結果を出すことができるかは未知数でした。

いろいろ考えた末、私が導き出した結論は、アメリカへのゴルフ留学という道です。アメリカで語学を学びながらいつか見た、あの素晴らしい環境で伸び伸びとゴルフがしたい。誰にも言わなかったけれど、ゴルフ留学まで考えたのは、自分の中ではかなり真剣に将来のビジョンを描いていたからだと思います。

ところがうれしい誤算によって、そのビジョンはあっけなく崩れます。

うれしい誤算とはもちろん、03年のミヤギテレビ杯での優勝。アマチュアでプロの試合に勝った直後、仙台まで駆けつけてくれた父が言った「お前はプロになれ！」という一言で、私の未来は急転したのです。

もちろん優勝はものすごくうれしかったけれど、あれだけ進路で悩んだ日々は何だったのだろう？　と拍子抜けする思いもありました。これでアメリカ行きが遠のいた、とほんの少し落胆する気持ちにもなりました。だからプロになって2年目で早くも本格的に米ツアーに挑戦できるようになったことも、またうれしい誤算です。

プロ1年目で一番印象に残っているのが、憧れのアニカと初めて一緒に回ったミズノ・

クラシックですが、そのときも選手専用のレストランに入ると、米ツアーの選手たちのカラフルな装いが目に飛び込んできて、華やかな雰囲気にたまらなくウキウキしたのを覚えています。

「明るくてフランクで、こういう雰囲気、私、すごく好き！」と改めて思ったものです。でも日本の選手って引っ込み思案というか、外国人選手の近くに行きたがらないんです。隅の方で日本人同士で固まってしまう。でも私はそれがイヤで、外国人選手たちと話したくて仕方なかった。憧れは継続中だったんですね。

なぜそれほどアメリカにこだわったのでしょう？　それは私が生まれ育った沖縄の環境が、開放的で他人にあまり干渉しない、アメリカ的な雰囲気だったからかもしれません。

高校生のころには兄2人と「いつかプロになって3人でアメリカでプレーしたいね。そのときは向こうに別荘を買って、お父さんとお母さんを呼んで住まわせてあげよう」という相談をよくしていました。

私たちにゴルフをさせるために、自分たちは好きなゴルフもせずに、働き通し。苦労して3人を育ててくれた両親には感謝の気持ちしかありません。

年を取ったら、環境のいいアメリカで、好きなゴルフを思う存分やらせてあげたい。その思いは今も消えてはいません。

女性として、ゴルファーとして、10年後が勝負

人間はすぐに結果を求めたがります。

もちろん私も結果は欲しい。人一倍、負けず嫌いな性格だし、結果を出すことがプロゴルファーの使命ですから。

ここのところの成績を見て、応援して下さる方は「何で勝てないの？」と率直な疑問を抱いていることと思います。

でも私は今、結果がすべてではない、と思うようになりました。期待に応えられずに、申し訳ないけれど、わがままを言わせてもらえるなら、今は結果よりもプロセスを大事にしたいのです。

07年に結果を求める余り自滅してしまった苦い経験から、そう思う部分もありますが、そうではなく、目先より10年後を見据えてゴルフをしたい、というのが本音です。

10年後のビジョン。

数年前は漠然として目先のことしか考えられませんでした。プロになりたての19歳のときは、目標を聞かれるとこんなふうに答えていました。

「やるべきことを一通りやって、アニカみたいに、ゴルフにも人間的にも強い人になっていたいです。一応結婚もして、米ツアーでも引けを取らない選手になっていたい」

4年たった今、10年後こうなったらいいな、と思うのは「人間的に充実していたい」ということです。

選手としては、きっと米ツアーで何勝も挙げているだろうし、33歳ですから結婚もしているでしょう。ひょっとしたらメジャーにも勝っているかもしれません。この調子で努力していけば、そのうち運も巡ってくると思えるのです。絶対に勝てるという自信もあります。

でもそれがいつなの？　と聞かれると、私にもわかりません。ひょっとすると来週かもしれないし、来年かもしれないし、10年後かもしれない。いくら自分がいいプレーをしても、相手のあることですから、勝ち負けは私にはコントロールできません。

わからないからこそ、私に必要なのは地道にやるべきことをやる、という姿勢。たっぷり時間があると思える反面、10年しかないという見方もできます。のん気に構えているわけにはいきません。確実に今、自分ができることに、誠心誠意取り組まなければ。

ピアとリンはよく、選手のことを庭に蒔いた植物の種にたとえます。同じように水やりをして肥料をやっても、すぐに芽を出す種もあれば、なかなか芽を出さない種もある。成長度合いも、植物によってまちまち。ある日突然、1日に20センチも30センチも伸びるものもあれば、一気に伸びたのに元気がなくなって枯れてしまう場合もある。芽が出ないからといって、皆が寄ってたかって土足で地べたを踏み荒らしたら、植物は成長しないのだと。

勝てないからといって、スウィングを無闇にいじったり、ああしろ、こうしろと焦らせては、ゴルファーだって大成しません。いつ芽が出て、花を咲かせるかは誰にもわかりません。でも花を咲かせる努力だけは続けていきたい、というのが今の気持ちです。

そして10年後には、ゴルフだけでなく精神的に成長して、周りから愛されるプレーヤーになっていられたらいいですね。そのオプションとしてメジャーに勝つことができたら、どんなにか素晴らしいでしょう。

地道に一歩ずつ、成長のプロセスを噛み締めながら焦らずに前を向いていたい。

10年後もきっと、まだゴルフを極めることはできないでしょう。発展途上の段階にいると思います。でも人間的に充実していられれば、それで幸せだと思います。

18歳でプロになり、20歳で米ツアーを主戦場に戦い始めて、今までは何をするにも常に「最年少」という肩書きがつき、知らず知らずのうちに、それにこだわっていた部分があったかもしれません。

でもゴルフは、早くできたから偉いとか、最年少で何かできたからすごい、という競技ではありません。もっと奥深くて、息の長いスポーツだから、面白いのです。ここまで駆け足で来た分、これからはもう少しプロセスを楽しみたいと思います。

父はいつもこう言っています。

「ただゴルファーとして大成したからといって、それはいい人生ではない。結婚して、子供を生んで、家族を作ってこそ、いい人生と言えるのだぞ」と。

よきゴルファーであり、よき女性であり、それを両立できれば、それはいい人生だと思います。10年後、プロとして人間として強くなって、ゴルフと私生活をうまく両立することができれば幸せです。

勝負は10年後。

長いようで短い歳月だからこそ、1日たりとも疎かにはできません。充実した日々を過ごすことが10年後の人生を豊かにしてくれると信じて……。

コーチである父への思い

4歳のとき、兄たちの背中を見て「私もゴルフがしたい」と父にねだって始めたゴルフ。

父は当時、私をプロゴルファーにはしたくなかったのだそうです。

ピアノを習っていたので、将来はピアノの先生にでもなって、結婚して家庭を持って、女性として幸せをつかんで欲しい。そう思っていたのだとか。

だからいつも「まさかお前がプロになって、こんなに早くアメリカに行くことになるとは」と感慨深げに語っています。

クラブを握って以来、ゴルフのすべては父から教わりました。スウィングに関して、父以外の人に見てもらったことは一度もありません。

父は私たち兄妹をスコアのことで怒ったことはなかったけれど、マナーに関しては厳しい人でした。武道と同様、ゴルフ道があると信じていて、道に外れたことは決して許さない。でも普段はおやじギャグを連発して私たちを笑わせてくれるムードメーカーでもあります。

たとえば胸を張って前を向いて歩くことの大切さや、ゴルフに偏らずほかのスポーツを経験することの大切さ、自分の言葉で思っていることを伝えられる表現力の重要性などは、全部父が教えてくれたことです。

ゴルフの指導に関しては「9割褒めて、1割叱る」が父の基本。叱るというより、課題を与えてくれる、と言った方がいいかもしれません。褒めることでやる気を出させ、課題を与えることで努力することの尊さを教える。父の言うことはイチイチ間違っていないので、全幅の信頼を寄せ、絶対的に信じてきたのです。

スランプになって、ピアとリンというコーチに出会って、今まで父と二人三脚で取り組んできたメカニック重視のスタイルにも限界があることを知り、今、私は自分のフィーリングや野性的な勘を大切にしたい、と父のスウィングチェックはしばらく受けていません。

でもそれは父の理論を否定することでは決してありません。私にとってスウィングコーチは父しかいない、という思いに変わりはありません。

ただ私は型にはめるのではなく、体が自然と反応するゴルフ、右脳のゴルフを追求している最中なのです。これは父もすごく理解してくれているし、教えたくてうずうずしているのを、ぐっと堪えて見守ってくれていることに、心から感謝しています。

これはお互いがもうワンランク上に行くために必要なプロセスだと思うのです。

最近父も「やっぱりテンポ（が大事）だね」と言っているので、私が今やろうとしていることを、きちんとわかってくれているのだと思います。

人にはそれぞれ向き、不向きがあって、私にはメカニックよりもテンポが大事だということがわかってきました。何が本当に大切なのか、ということがだんだんクリアに見え始めたところです。テンポがいいと力が抜けて、結果的にいいショットになる。いいショットが打てるようになれば、自然とメカニックも整っていく、という風に考えられるようになったのだと思います。

これまで盲目的に父の教えを信じてきた私は、実は「こういうスウィングを作っていこう」というビジョンを父と話し合ったことはありませんでした。暗黙の了解というか、父が思い描いているスタイルがあって、それに近づけるために、今度はテークバックをこう上げてみようとか、グリップをこうしてみようと、やってきたのです。

でもあまりにも長年、同じことを繰り返していると、見えているようで見えていない部分があることに最近気付きました。お互い感覚的に鈍っていた部分もあったと思います。

ここ数年は日本とアメリカで離れていることもあり、たまにスウィングチェックをしてもらうと、以前のように9割褒めて1割叱る、というようにはいかなくなっていました。短時間で悪いところを修正しなければならないので、褒めている時間はありません。「ここがこうなっているからこうしなさい」と、課題ばかりが増えて、それに追いついていけていない部分があったのかもしれません。

これまではメカニックをきちんと作れていれば、あとはメンタル次第で結果は出せる、という考え方でしたが、スウィングのメカニックだけにとらわれていたらダメだ、ということは今回の経験で父も気付いてくれたと思います。

夢を追いかけることの素晴らしさを教えてくれた父に、たくさんのありがとうを言いたいです。辛かったとき、諦めずに頑張ることができたのも、家族の支えがあったからだと思います。でもこれからは一緒に成長していきたい。唯一無二のコーチだからこそ、コーチとしてワンランク上を目指してもらいたいです。

優勝するために必要なこと

少し前まで私が考えていたのは筋肉を鍛えて、「強い体を作って球を飛ばさなければ」ということでした。でもいくら筋力や腕力があっても、無駄な力が入っていたら、折角の力を使えず、飛距離が伸びないことがわかってきました。

特に07年にスランプになってスウィングのリズムを崩して、それをもう一度立て直して本来のリズムに戻りつつある今、プレッシャーがかかると、私は右手のグリップを握る力が強くなる、ということがわかってきました。

右手にテンション＝余計な力が入っていると、本人は飛ばそうと思っているんだけれど、思ったほどは飛びません。

でもいい感じに力が抜けてタイミングよく振れているときは、自分でも意外なほど飛距離が出ています。これは、どれだけ大きな筋肉をつけるか、ということよりも、その筋肉を最大限効率よく使うにはどうすればいいか、を考える方が重要だという証拠です。

そして筋肉を効率よく使う最善の方法とは、リラックスした状態を作るということ。

ロレーナだってアニカだって、タイガーだって、アドレスを見ただけで力が抜けているのがわかります。トップの選手たちは構えたとき、どこにも力みがありません。スピードを出せるのは、それだけリラックスして振れているからなのです。

技術面ではこの「力まずリラックスして振れる」コツをつかみたい。

そして勝つためには、やはり100ヤード以内の距離感をどうしてももっと精密なものにしていかなければなりません。

ロレーナを見ていると、100ヤード以内を5ヤード刻みでピンに寄せる練習にほとんどの時間を割いています。95ヤード、90ヤード、85ヤード……と練習を続けるのです。ところが私ときたら、1時間球を打ったあとに、練習終わりに申し訳程度に3球ほど、52度のウェッジでコントロールショットを打つだけ。これでは世界のトップとの差は縮まりません。

ロレーナだって、そういう地道な練習をしているのです。何も特別なことをやっているわけじゃありません。コツコツと１００ヤード以内の距離感を磨いているのです。

今私が得意な距離は50～70ヤードですが、苦手なのがＳＷのフルショットとＰＳのフルショットまでの75ヤードから95ヤードの距離の打ち分けです。コントロールしようとすると、強く入ったり弱く入ったり、インパクトがバラバラになってしまいます。

アニカは１００ヤード以内ならどこからでも５ヤードの円の中に収まるくらい精度が高い。08年、ハワイでのツアー開幕２連戦のとき、一緒に回ってその正確性には驚きました。

でも言い訳としては、ドライバーに問題を抱えていてそれを直さなければならなかったから、これまでは１００ヤード以内に割く時間が足りませんでした。ティショットが安定してきた今、本来私が武器にすべき、グリーンをどこからでも狙ってピンに絡められるショットの練習に重点を置くことができると思います。

練習をしなくても80ヤード以内を目測で打てるのはローラ・デービーズくらいです。彼女はゴルフを始めたときから、80ヤード以内は目測で打っていたので、今でも歩測をする必要はないのだそうです。見た目でこのくらい、と思った距離に体が反応して、バーディチャンスを作っています。でも私にはその才能はありません。練習によって距離感を自分で作らなければならないのです。

精神面ではもちろん気持ちを先走らせることなく、過去を憂えることなく、今この瞬間、目の前のショットに、いかに集中できるかということが勝負。スコアは自分でコントロールできないけれど、どんなことがあっても自分のゴルフを貫くという態度は自分で制御できますから。

*

「いつか壁にぶつかって苦しむことがある。でも、だからこそ、そのときのために今の楽しいときをしっかりと覚えておきたい、記憶にとどめておきたい」

10代最後の年、私はあるインタビューにそう答えていました。

でも実際壁にぶつかってみると、それは想像以上の苦しみを伴いました。辛くて、心が千切れそうになって、泣きわめいて。でもそれは決して永遠に続くわけではありません。

時の流れの中で再生され、再び輝くことができると信じています。

右肩上がりで、何の挫折もなく成長する人間はきっといないでしょう。誰もが壁にぶつかり、それを乗り越えて前に進んでいるんですよね。ジャンプする前にしゃがみ込むように、飛躍の前にはもがく時間が必要です。試練はきっと成長のチャンス。

スランプになって泣きながら試合を棄権して、そのあともずっと辛くて苦しくて……。でもあのときやめていなくてよかった、と今は心の底から思えます。

皆に支えられ、励まされ、続けることに意義があると信じて、進んでこられてよかった、と。いやというほど自分と向き合い、苦しんだ分だけ、少し大人になれたような気がします。人にやさしくなれるような気がします。

いつもたくさんの応援をありがとうございます。

もう少しの間、結果よりもプロセスを大切にしていいですか？

いずれアメリカで必ず優勝します。


（了）

宮里藍 プロ成績
―海外・全試合成績&スタッツ―

●2004年 メジャー初挑戦

7/29-8/1	Women's British Open ◎	予落	＋4	148=72・76・--・--

●2005年 ワールドカップ優勝！ 全英11位

2/11-13	Women's World Cup of Golf ※	優勝	－3	289=68・72・149
2/24-27	ANZ Ladies Masters ※	2位	－15	273= 63・68・70・72
3/24-27	Kraft Nabisco Championship ◎	44位T	＋9	297=75・76・74・72
6/23-26	U.S. Women's Open ◎	予落	＋9	151=73・78・--・--
6/30-7/3	HSBC Women's World Match Play	16強		――――
7/20-23	Evian Masters	57位T	＋9	297=72・76・75・74
7/28-31	Women's British Open ◎	11位T	－7	281=72・73・69・67
9/20-23	Sectional Qualifying School ※	2位	－11	277=76・66・66・69
11/30-12/4	Final Qualifying Tournament ※	1位	－17	343=66・69・70・66・72

注）2月の女子ワールドカップは、北田瑠衣とのペアによるチーム成績。また、破線以下の2試合はQスクール（米ツアープロテスト）

【記号説明】
※=米LPGAツアー以外の海外試合／◎=4大メジャー／予落=予選落ち／T=タイ

写真右：キャディのミックとは英会話もはずむ／同左：サインで書くのは「Ai54」の文字

●2006年　LPGAデビューイヤー。トップ10入り7回

1/20-22	Women's World Cup of Golf ※	12位	+8	296=73･74･149
2/2-5	ANZ Ladies Masters ※	49位T	+1	289=71･75･71･72
2/16-18	SBS Open	48位T	+1	217=70･75･72
2/23-25	Fields Open	24位T	−6	210=68･71･71
3/10-12	MasterCard Classic	56位T	+6	222=72･74･76
3/16-19	Safeway International	38位T	−3	285=69･70･74･72
3/30-4/2	Kraft Nabisco Championship ◎	29位T	+6	294=70･77･72･75
4/13-15	LPGA Takefuji Classic	6位T	−11	205=69･70･66
4/20-23	Florida's Natural Championship	20位T	−8	280=69･69･73･69
4/27-30	Ginn Clubs & Resorts Open	5位T	−4	284=70･68･70･76
5/11-14	Michelob ULTRA Open	予落	+4	146=69･77･−−･−−
5/18-21	Sybase Classic	16位T	+4	217=74･73･70
6/2-4	ShopRite LPGA Classic	13位T	−7	206=66･66･74
6/8-11	McDonald's LPGA Championship ◎	3位T	−7	281=68･72･69･72
6/22-25	Wegmans LPGA	予落	+3	147=75･72･−−･−−
6/29-7/2	U.S. Women's Open ◎	28位T	+14	298=74･75･70･79
7/6-9	HSBC Women's World Match Play	1回戦敗退		―――――――
7/26-29	Evian Masters	31位T	+1	289=76･72･69･72
8/3-6	Women's British Open ◎	9位	0	288=71･75･75･67
8/18-20	Safeway Classic	25位T	−2	214=71･70･73
8/24-27	Wendy's Championship	4位	−17	271=68･68･67･68
11/3-5	Mizuno Classic	7位T	−8	208=69･68･71
11/16-19	ADT Championship	4位T		68･69･72･72

注）1月の女子ワールドカップは、横峯さくらとのペアによるチーム成績

●2006年　STATS

Money earned …………… $532,053(22位)
Number of Events Played　21試合
(Top 10 Finishes=7回)
Scoring Average ………… 71.22(13位)
Putting Average ………… 1.78(16位T)
Green in Regulation …… 69.3%(28位)
Ave. Driving Distance … 253.0Y (61位T)

●2007年 マッチプレー準優勝！ トップ10入り6回のあとスランプに

2/15-17	SBS Open	予落	+7	151=75･76･−−
2/22-24	Fields Open	3位T	−11	205=71･68･66
3/22-25	Safeway International	59位T	+6	294=72･75･72･75
3/29-4/1	Kraft Nabisco Championship ◎	15位T	+3	291=76･73･69･73
4/12-15	Ginn Open	24位T	+1	289=72･72･72･73
4/26-29	Corona Championship	22位T	−6	286=76･72･69･69
5/4-6	SemGroup Championship	3位T	−2	211=71･71･69
5/10-13	Michelob ULTRA Open	6位	−5	279=69･71･66･73
5/24-27	LPGA Corning Classic	6位T	−15	273=68･69･69･67
5/31-6/3	Ginn Tribute	66位T	+12	300=75･71･72･82
6/7-10	McDonald's LPGA Championship ◎	予落	+4	148=75･73･−−･−−
6/21-24	Wegmans LPGA	21位T	0	288=73･71･73･71
6/28-7/1	U.S. Women's Open ◎	10位T	+3	287=73･73･72･69
7/19-22	HSBC Women's World Match Play	2位		――――
7/26-29	Evian Masters	22位T	+3	291=73･73･73･72
8/2-5	Women's British Open ◎	58位T	+14	306=70･80･77･79
8/16-19	CN Canadian Women's Open	予落	+9	151=79･72･−−･−−
8/24-26	Safeway Classic	予落	+9	153=74･79･−−･−−
8/30-9/2	State Farm Classic	棄権	−5	211=68･70･73･−−
9/27-30	Navistar LPGA Classic	予落	+14	158=79･79･−−･−−
10/4-7	Longs Drugs Challenge	予落	+10	154=77･77･−−･−−
10/11-14	Samsung World Championship	18位	+5	293=75･68･76･74
10/25-28	Honda LPGA Thailand	57位T	+16	304=79･80･73･72
11/2-4	Mizuno Classic	68位T	+8	224=77･72･75
11/15-18	ADT Championship	第3R敗退		75･72･74

●2007年 STATS

Money earned ……………　$788,477（17位）
Number of Events Played　25 試合
(Top 10 Finishes=6 回)
Scoring Average …………　73.01（56 位）
Putting Average …………　1.82（30 位 T）
Green in Regulation ……　57.4%（122 位）
Ave. Driving Distance …　239.9Y（128 位）

●2008年 不調から再生へのスタート

2/7-10	ANZ Ladies Masters ※	14位T	−6	210=70・69・71
2/14-16	SBS Open	予落	+9	153=76・77・−−
2/21-23	Fields Open	予落	+7	151=74・77・−−
2/28-3/2	HSBC Women's Champions	18位T	+1	289=67・74・77・71
3/27-30	Safeway International	55位T	−1	287=72・71・74・70
4/3-6	Kraft Nabisco Championship ◎	31位T	+6	294=68・74・77・75
4/17-20	Ginn Open	25位T	−4	284=70・73・71・70
4/24-27	Stanford International Pro-Am	56位T	+9	292=70・74・75・73
5/1-4	SemGroup Championship	14位T	+7	291=71・73・75・72
5/8-11	Michelob ULTRA Open	予落	+4	146=71・75・−−・−−
5/15-18	Sybase Classic	42位T	+1	217=69・72・76
5/29-6/1	Ginn Tribute	20位T	−6	282=70・71・72・69
6/5-8	McDonald's LPGA Championship ◎	予落	+2	146=77・69・−−・−−
6/19-22	Wegmans LPGA	6位T	−9	279=68・68・71・72

注）6月23日現在

●2008年 STATS

Money earned …………… $182,004(45位)
Number of Events Played 13試合
(Top 10 Finishes=1回)
Scoring Average ………… 72.35(52位)
Putting Average ………… 1.85(100位T)
Green in Regulation …… 65.8% (56位)
Ave. Driving Distance … 241.2Y(123位T)

写真右：コーチの父・優氏はメジャーなどには駆けつける／同左：記者会見では少しずつ英語で対応している

—国内・成績＆スタッツ—

●2003年
アマで優勝。プロ入り3戦

獲得賞金…………　¥1,060,800(116位)
出場試合数………　3 試合
(予落、20位T、22位)
平均ストローク…　74.2222
平均パット数……　1.8762
パーオン率………　64.8148％

●2004年
実質のプロデビューイヤーで席捲

獲得賞金…………　¥122,972,349(2位)
出場試合数………　27 試合
(優勝＝5回・ベスト10＝22回)
平均ストローク…　70.8537(2位)
平均パット数……　1.7689(1位)
パーオン率………　69.3089％(4位)

●2005年
2年連続で不動裕理と女王争い

獲得賞金…………　¥114,377,871(2位)
出場試合数………　19 試合
(優勝＝6回・ベスト10＝14回)
平均ストローク…　70.5902(2位)
平均パット数……　1.7624(2位)
パーオン率………　69.9454％(5位)

●2006年
米ツアーと掛け持ちで 7戦2勝

獲得賞金…………　¥58,604,501(10位)
出場試合数………　7 試合
(優勝=2回・ベスト10＝7回)
平均ストローク…　70.6250
平均パット数……　1.7282
パーオン率………　66.4352％

●2007年
開幕戦とミズノのみ出場

出場試合数………　2 試合
(ダイキン4位T、ミズノ68位T)

写真／田辺安啓

写真右：世界のトップに立つオチョアとは親交も厚い／同左：フェースの向きより、フィーリング！

著者略歴

宮里藍（みやざと・あい）

1985年6月19日生まれ。沖縄県出身。4歳のときに2人の兄に触発されてクラブを握る。小・中・高校でアマチュアとして実績を残すなか、2003年9月、東北高等学校3年在学時にプロトーナメント「ミヤギテレビ杯ダンロップ」で優勝しプロ入り。現役女子高校生プロゴルファーとなる。翌04年シーズンの開幕戦「ダイキンオーキッド」でプロ初優勝。同ルーキーイヤーに5勝、賞金ランキング2位で1億円を突破。05年、第1回女子ワールドカップを北田瑠衣とのペアで制したほか、国内ツアーでは日本女子オープンを含む6勝。06年より主戦場をアメリカに移している。

角川SSC新書 043

I am here.
「今」を意識に刻むメンタル術

2008年7月25日　第1刷発行

著者　宮 里 藍
発行者　田 口 惠 司
発売元　株式会社 角川SSコミュニケーションズ
〒101-8467
東京都千代田区神田錦町3-18-3錦三ビル
編集部　電話03-5283-0265
営業部　電話03-5283-0232
印刷所　株式会社 暁 印 刷
装丁　Zapp!　白 金 正 之

ISBN978-4-8275-5043-6

落丁、乱丁の場合はお取替えいたします。
当社営業部、またはお買い求めの書店までお申し出ください。